ACCESO GRATIS ***a la Lectura en la Nube + Actualizaciones***

Para visualizar el libro electrónico en la nube de lectura envíe junto a su nombre y apellidos una fotografía del código de barras situado en la contraportada del libro y otra del ticket de compra a la dirección:

ebooktirant@tirant.com

En un máximo de 72 horas laborables le enviaremos el código de acceso con sus instrucciones.

LEGISLACIÓN DE PROTECCIÓN DE DATOS PERSONALES EN POSESIÓN DE SUJETOS OBLIGADOS

Con jurisprudencia

Procedimiento de selección de originales, ver página web:
www.tirant.net/index.php/editorial/procedimiento-de-seleccion-de-originales

LEGISLACIÓN DE PROTECCIÓN DE DATOS PERSONALES EN POSESIÓN DE SUJETOS OBLIGADOS

Con jurisprudencia

MIGUEL CARBONELL

tirant lo blanch
Ciudad de México, 2024

© EDITA: TIRANT LO BLANCH
DISTRIBUYE: TIRANT LO BLANCH MÉXICO
Av. Tamaulipas 150, Oficina 502
Hipódromo, Cuauhtémoc, 06100, Ciudad de México
Telf: +52 1 55 65502317
infomex@tirant.com
www.tirant.com/mex/
www.tirant.es
ISBN: 978-84-1197-702-9

Si tiene alguna queja o sugerencia, envíenos un mail a: *atencioncliente@tirant.com*. En caso de no ser atendida su sugerencia, por favor, lea en *www.tirant.net/index.php/empresa/politicas-de-empresa* nuestro procedimiento de quejas.

Responsabilidad Social Corporativa: http://www.tirant.net/Docs/RSCTirant.pdf

SUMARIO

LEY FEDERAL DE PROTECCIÓN DE DATOS PERSONALES EN POSESIÓN DE LOS PARTICULARES

TEXTO ORIGINAL.

Ley publicada en la Primera Sección del Diario Oficial de la Federación, el lunes 5 de julio de 2010.

Al margen un sello con el Escudo Nacional, que dice: Estados Unidos Mexicanos.- Presidencia de la República.

FELIPE DE JESÚS CALDERÓN HINOJOSA, Presidente de los Estados Unidos Mexicanos, a sus habitantes sabed:

Que el Honorable Congreso de la Unión, se ha servido dirigirme el siguiente

DECRETO

"EL CONGRESO GENERAL DE LOS ESTADOS UNIDOS MEXICANOS, DECRETA:
SE EXPIDE LA LEY FEDERAL DE PROTECCIÓN DE DATOS PERSONALES EN POSESIÓN DE LOS PARTICULARES Y SE REFORMAN LOS ARTÍCULOS 3, FRACCIONES II Y VII, Y 33, ASÍ COMO LA DENOMINACIÓN DEL CAPÍTULO II, DEL TÍTULO SEGUNDO, DE LA LEY FEDERAL DE TRANSPARENCIA Y ACCESO A LA INFORMACIÓN PÚBLICA GUBERNAMENTAL.

ARTÍCULO PRIMERO.- Se expide la Ley Federal de Protección de Datos Personales en Posesión de los Particulares.

LEY FEDERAL DE PROTECCIÓN DE DATOS PERSONALES EN POSESIÓN DE LOS PARTICULARES

CAPÍTULO I
DISPOSICIONES GENERALES

Artículo 1

La presente Ley es de orden público y de observancia general en toda la República y tiene por objeto la protección de los datos personales en posesión de los particulares, con la finalidad de regular su tratamiento legítimo, controlado e informado, a efecto de garantizar la privacidad y el derecho a la autodeterminación informativa de las personas.

Artículo 2

Son sujetos regulados por esta Ley, los particulares sean personas físicas o morales de carácter privado que lleven a cabo el tratamiento de datos personales, con excepción de:

I. Las sociedades de información crediticia en los supuestos de la Ley para Regular las Sociedades de Información Crediticia y demás disposiciones aplicables, y

II. Las personas que lleven a cabo la recolección y almacenamiento de datos personales, que sea para uso exclusivamente personal, y sin fines de divulgación o utilización comercial.

Artículo 3

Para los efectos de esta Ley, se entenderá por:

I. Aviso de Privacidad: Documento físico, electrónico o en cualquier otro formato generado por el responsable que es puesto a disposición del titular, previo al tratamiento de sus datos personales, de conformidad con el artículo 15 de la presente Ley.

II. Bases de datos: El conjunto ordenado de datos personales referentes a una persona identificada o identificable.

III. Bloqueo: La identificación y conservación de datos personales una vez cumplida la finalidad para la cual fueron recabados, con el único propósito de determinar posibles responsabilidades en relación con su tratamiento, hasta el plazo de prescripción legal o contractual de éstas. Durante dicho periodo, los datos personales no podrán ser objeto de tratamiento y transcurrido éste, se procederá a su cancelación en la base de datos que corresponde.

IV. Consentimiento: Manifestación de la voluntad del titular de los datos mediante la cual se efectúa el tratamiento de los mismos.

V. Datos personales: Cualquier información concerniente a una persona física identificada o identificable.

VI. Datos personales sensibles: Aquellos datos personales que afecten a la esfera más íntima de su titular, o cuya utilización indebida pueda dar origen a discriminación o conlleve un riesgo grave para éste. En particular, se consideran sensibles aquellos que puedan revelar aspectos como origen racial o étnico, estado de salud presente y futuro, información genética, creencias religiosas, filosóficas y morales, afiliación sindical, opiniones políticas, preferencia sexual.

VII. Días: Días hábiles.

VIII. Disociación: El procedimiento mediante el cual los datos personales no pueden asociarse al titular ni permitir, por su estructura, contenido o grado de desagregación, la identificación del mismo.

IX. Encargado: La persona física o jurídica que sola o conjuntamente con otras trate datos personales por cuenta del responsable.

X. Fuente de acceso público: Aquellas bases de datos cuya consulta puede ser realizada por cualquier persona, sin más requisito que, en su caso, el pago de una contraprestación, de conformidad con lo señalado por el Reglamento de esta Ley.

XI. Instituto: Instituto Federal de Acceso a la Información y Protección de Datos, a que hace referencia la Ley Federal de Transparencia y Acceso a la Información Pública Gubernamental.

XII. Ley: Ley Federal de Protección de Datos Personales en Posesión de los Particulares.

XIII. Reglamento: El Reglamento de la Ley Federal de Protección de Datos Personales en Posesión de los Particulares.

XIV. Responsable: Persona física o moral de carácter privado que decide sobre el tratamiento de datos personales.

XV. Secretaría: Secretaría de Economía.

XVI. Tercero: La persona física o moral, nacional o extranjera, distinta del titular o del responsable de los datos.

XVII. Titular: La persona física a quien corresponden los datos personales.

XVIII. Tratamiento: La obtención, uso, divulgación o almacenamiento de datos personales, por cualquier medio. El uso abarca cualquier acción de acceso, manejo, aprovechamiento, transferencia o disposición de datos personales.

XIX. Transferencia: Toda comunicación de datos realizada a persona distinta del responsable o encargado del tratamiento.

Artículo 4

Los principios y derechos previstos en esta Ley, tendrán como límite en cuanto a su observancia y ejercicio, la protección de la seguridad nacional, el orden, la seguridad y la salud públicos, así como los derechos de terceros.

Artículo 5

A falta de disposición expresa en esta Ley, se aplicarán de manera supletoria las disposiciones del Código Federal de Procedimientos Civiles y de la Ley Federal de Procedimiento Administrativo.

Para la substanciación de los procedimientos de protección de derechos, de verificación e imposición de sanciones se observarán las disposiciones contenidas en la Ley Federal de Procedimiento Administrativo.

CAPÍTULO II
DE LOS PRINCIPIOS DE PROTECCIÓN DE DATOS PERSONALES

Artículo 6

Los responsables en el tratamiento de datos personales, deberán observar los principios de licitud, consentimiento, información, calidad, finalidad, lealtad, proporcionalidad y responsabilidad, previstos en la Ley.

Artículo 7

Los datos personales deberán recabarse y tratarse de manera lícita conforme a las disposiciones establecidas por esta Ley y demás normatividad aplicable.

La obtención de datos personales no debe hacerse a través de medios engañosos o fraudulentos.

En todo tratamiento de datos personales, se presume que existe la expectativa razonable de privacidad, entendida como la confianza que deposita cualquier persona en otra, respecto de que los datos personales proporcionados entre ellos serán tratados conforme a lo que acordaron las partes en los términos establecidos por esta Ley.

Artículo 8

Todo tratamiento de datos personales estará sujeto al consentimiento de su titular, salvo las excepciones previstas por la presente Ley.

El consentimiento será expreso cuando la voluntad se manifieste verbalmente, por escrito, por medios electrónicos, ópticos o por cualquier otra tecnología, o por signos inequívocos.

Se entenderá que el titular consiente tácitamente el tratamiento de sus datos, cuando habiéndose puesto a su disposición el aviso de privacidad, no manifieste su oposición.

Los datos financieros o patrimoniales requerirán el consentimiento expreso de su titular, salvo las excepciones a que se refieren los artículos 10 y 37 de la presente Ley.

El consentimiento podrá ser revocado en cualquier momento sin que se le atribuyan efectos retroactivos. Para revocar el consentimiento, el responsable deberá, en el aviso de privacidad, establecer los mecanismos y procedimientos para ello.

Artículo 9

Tratándose de datos personales sensibles, el responsable deberá obtener el consentimiento expreso y por escrito del titular para su tratamiento, a través de su firma autógrafa, firma electrónica, o cualquier mecanismo de autenticación que al efecto se establezca.

No podrán crearse bases de datos que contengan datos personales sensibles, sin que se justifique la creación de las mismas para finalidades legítimas, concretas y acordes con las actividades o fines explícitos que persigue el sujeto regulado.

Artículo 10

No será necesario el consentimiento para el tratamiento de los datos personales cuando:

I. Esté previsto en una Ley;

II. Los datos figuren en fuentes de acceso público;

III. Los datos personales se sometan a un procedimiento previo de disociación;

IV. Tenga el propósito de cumplir obligaciones derivadas de una relación jurídica entre el titular y el responsable;

V. Exista una situación de emergencia que potencialmente pueda dañar a un individuo en su persona o en sus bienes;

VI. Sean indispensables para la atención médica, la prevención, diagnóstico, la prestación de asistencia sanitaria, tratamientos médicos o la gestión de servicios sanitarios, mientras el titular no esté en condiciones de otorgar el consentimiento, en los términos que establece la Ley General de Salud y demás disposiciones jurídicas aplicables y que dicho tratamiento de datos se realice por una persona sujeta al secreto profesional u obligación equivalente, o

VII. Se dicte resolución de autoridad competente.

Artículo 11

El responsable procurará que los datos personales contenidos en las bases de datos sean pertinentes, correctos y actualizados para los fines para los cuales fueron recabados.

Cuando los datos de carácter personal hayan dejado de ser necesarios para el cumplimiento de las finalidades previstas por el aviso de privacidad y las disposiciones legales aplicables, deberán ser cancelados.

El responsable de la base de datos estará obligado a eliminar la información relativa al incumplimiento de obligaciones contractuales, una vez que transcurra un plazo de setenta y dos meses, contado a partir de la fecha calendario en que se presente el mencionado incumplimiento.

Artículo 12

El tratamiento de datos personales deberá limitarse al cumplimiento de las finalidades previstas en el aviso de privacidad. Si el responsable pretende tratar los datos para un fin distinto que no resulte compatible o análogo a los fines establecidos en aviso de privacidad, se requerirá obtener nuevamente el consentimiento del titular.

Artículo 13

El tratamiento de datos personales será el que resulte necesario, adecuado y relevante en relación con las finalidades previstas en el aviso de privacidad. En particular para datos personales sensibles, el responsable deberá realizar esfuerzos razonables para limitar el periodo de tratamiento de los mismos a efecto de que sea el mínimo indispensable.

Artículo 14

El responsable velará por el cumplimiento de los principios de protección de datos personales establecidos por esta Ley, debiendo adoptar las medidas necesarias para su aplicación. Lo anterior aplicará aún y cuando estos datos fueren tratados por un tercero a solicitud del responsable. El responsable deberá tomar las medidas necesarias y suficientes para garantizar que el aviso de privacidad dado a conocer al titular, sea respetado en todo momento por él o por terceros con los que guarde alguna relación jurídica.

Artículo 15

El responsable tendrá la obligación de informar a los titulares de los datos, la información que se recaba de ellos y con qué fines, a través del aviso de privacidad.

Artículo 16

El aviso de privacidad deberá contener, al menos, la siguiente información:

I. La identidad y domicilio del responsable que los recaba;

II. Las finalidades del tratamiento de datos;

III. Las opciones y medios que el responsable ofrezca a los titulares para limitar el uso o divulgación de los datos;

IV. Los medios para ejercer los derechos de acceso, rectificación, cancelación u oposición, de conformidad con lo dispuesto en esta Ley;

V. En su caso, las transferencias de datos que se efectúen, y

VI. El procedimiento y medio por el cual el responsable comunicará a los titulares de cambios al aviso de privacidad, de conformidad con lo previsto en esta Ley.

En el caso de datos personales sensibles, el aviso de privacidad deberá señalar expresamente que se trata de este tipo de datos.

Artículo 17

El aviso de privacidad debe ponerse a disposición de los titulares a través de formatos impresos, digitales, visuales, sonoros o cualquier otra tecnología, de la siguiente manera:

I. Cuando los datos personales hayan sido obtenidos personalmente del titular, el aviso de privacidad deberá ser facilitado en el momento en que se recaba el dato de forma clara y fehaciente, a través de los formatos por los que se recaban, salvo que se hubiera facilitado el aviso con anterioridad, y

II. Cuando los datos personales sean obtenidos directamente del titular por cualquier medio electrónico, óptico, sonoro, visual, o a través de cualquier otra tecnología, el responsable deberá proporcionar al titular de manera inmediata, al menos la información a que se refiere las fracciones I y II del artículo anterior, así como proveer los mecanismos para que el titular conozca el texto completo del aviso de privacidad.

Artículo 18

Cuando los datos no hayan sido obtenidos directamente del titular, el responsable deberá darle a conocer el cambio en el aviso de privacidad.

No resulta aplicable lo establecido en el párrafo anterior, cuando el tratamiento sea con fines históricos, estadísticos o científicos.

Cuando resulte imposible dar a conocer el aviso de privacidad al titular o exija esfuerzos desproporcionados, en consideración al número de titulares, o a la antigüedad de los datos, previa autorización del Instituto, el responsable podrá instrumentar medidas compensatorias en términos del Reglamento de esta Ley.

Artículo 19

Todo responsable que lleve a cabo tratamiento de datos personales deberá establecer y mantener medidas de seguridad administrativas, técnicas y físicas que permitan proteger los datos personales contra daño, pérdida, alteración, destrucción o el uso, acceso o tratamiento no autorizado.

Los responsables no adoptarán medidas de seguridad menores a aquellas que mantengan para el manejo de su información. Asimismo se tomará en cuenta el riesgo existente, las posibles consecuencias para los titulares, la sensibilidad de los datos y el desarrollo tecnológico.

Artículo 20

Las vulneraciones de seguridad ocurridas en cualquier fase del tratamiento que afecten de forma significativa los derechos patrimoniales o morales de los titulares, serán informadas de forma inmediata por el responsable al titular, a fin de que este último pueda tomar las medidas correspondientes a la defensa de sus derechos.

Artículo 21

El responsable o terceros que intervengan en cualquier fase del tratamiento de datos personales deberán guardar confidencialidad respecto de éstos, obligación que subsistirá aun después de finalizar sus relaciones con el titular o, en su caso, con el responsable.

CAPÍTULO III
DE LOS DERECHOS DE LOS TITULARES DE DATOS PERSONALES

Artículo 22

Cualquier titular, o en su caso su representante legal, podrá ejercer los derechos de acceso, rectificación, cancelación y oposición previstos en la presente Ley. El ejercicio de cualquiera de ellos no es requisito previo ni impide el ejercicio de otro. Los datos personales deben ser resguardados de tal manera que permitan el ejercicio sin dilación de estos derechos.

Artículo 23

Los titulares tienen derecho a acceder a sus datos personales que obren en poder del responsable, así como conocer el Aviso de Privacidad al que está sujeto el tratamiento.

Artículo 24

El titular de los datos tendrá derecho a rectificarlos cuando sean inexactos o incompletos.

Artículo 25

El titular tendrá en todo momento el derecho a cancelar sus datos personales.

La cancelación de datos personales dará lugar a un periodo de bloqueo tras el cual se procederá a la supresión del dato. El responsable podrá conservarlos exclusivamente para efectos de las responsabilidades nacidas del tratamiento. El periodo de bloqueo será equivalente al plazo de prescripción de las acciones derivadas de la relación jurídica que funda el tratamiento en los términos de la Ley aplicable en la materia.

Una vez cancelado el dato se dará aviso a su titular.

Cuando los datos personales hubiesen sido transmitidos con anterioridad a la fecha de rectificación o cancelación y sigan siendo tratados por terceros, el responsable deberá hacer de su conocimiento dicha solicitud de rectificación o cancelación, para que proceda a efectuarla también.

Artículo 26

El responsable no estará obligado a cancelar los datos personales cuando:

I. Se refiera a las partes de un contrato privado, social o administrativo y sean necesarios para su desarrollo y cumplimiento;

II. Deban ser tratados por disposición legal;

III. Obstaculice actuaciones judiciales o administrativas vinculadas a obligaciones fiscales, la investigación y persecución de delitos o la actualización de sanciones administrativas;

IV. Sean necesarios para proteger los intereses jurídicamente tutelados del titular;

V. Sean necesarios para realizar una acción en función del interés público;

VI. Sean necesarios para cumplir con una obligación legalmente adquirida por el titular, y

VII. Sean objeto de tratamiento para la prevención o para el diagnóstico médico o la gestión de servicios de salud, siempre que dicho tratamiento se realice por un profesional de la salud sujeto a un deber de secreto.

Artículo 27

El titular tendrá derecho en todo momento y por causa legítima a oponerse al tratamiento de sus datos. De resultar procedente, el responsable no podrá tratar los datos relativos al titular.

CAPÍTULO IV
DEL EJERCICIO DE LOS DERECHOS DE ACCESO, RECTIFICACIÓN, CANCELACIÓN Y OPOSICIÓN

Artículo 28

El titular o su representante legal podrán solicitar al responsable en cualquier momento el acceso, rectificación, cancelación u oposición, respecto de los datos personales que le conciernen.

Artículo 29

La solicitud de acceso, rectificación, cancelación u oposición deberá contener y acompañar lo siguiente:

I. El nombre del titular y domicilio u otro medio para comunicarle la respuesta a su solicitud;

II. Los documentos que acrediten la identidad o, en su caso, la representación legal del titular;

III. La descripción clara y precisa de los datos personales respecto de los que se busca ejercer alguno de los derechos antes mencionados, y

IV. Cualquier otro elemento o documento que facilite la localización de los datos personales.

Artículo 30

Todo responsable deberá designar a una persona, o departamento de datos personales, quien dará trámite a las solicitudes de los titulares, para el ejercicio de los derechos a que se refiere la presente Ley. Asimismo fomentará la protección de datos personales al interior de la organización.

Artículo 31

En el caso de solicitudes de rectificación de datos personales, el titular deberá indicar, además de lo señalado en el artículo anterior de esta Ley, las modificaciones a realizarse y aportar la documentación que sustente su petición.

Artículo 32

El responsable comunicará al titular, en un plazo máximo de veinte días, contados desde la fecha en que se recibió la solicitud de acceso, rectificación, cancelación u oposición, la determinación adoptada, a efecto de que, si resulta procedente, se haga efectiva la misma dentro de los quince días siguientes a la fecha en que se comunica la respuesta. Tratándose de solicitudes de acceso a datos personales, procederá la entrega previa acreditación de la identidad del solicitante o representante legal, según corresponda.

Los plazos antes referidos podrán ser ampliados una sola vez por un periodo igual, siempre y cuando así lo justifiquen las circunstancias del caso.

Artículo 33

La obligación de acceso a la información se dará por cumplida cuando se pongan a disposición del titular los datos personales; o bien, mediante la expedición de copias simples, documentos electrónicos o cualquier otro medio que determine el responsable en el aviso de privacidad.

En el caso de que el titular solicite el acceso a los datos a una persona que presume es el responsable y ésta resulta no serlo, bastará con que así se le indique al titular por cualquiera de los medios a que se refiere el párrafo anterior, para tener por cumplida la solicitud.

Artículo 34

El responsable podrá negar el acceso a los datos personales, o a realizar la rectificación o cancelación o conceder la oposición al tratamiento de los mismos, en los siguientes supuestos:

I. Cuando el solicitante no sea el titular de los datos personales, o el representante legal no esté debidamente acreditado para ello;

II. Cuando en su base de datos, no se encuentren los datos personales del solicitante;

III. Cuando se lesionen los derechos de un tercero;

IV. Cuando exista un impedimento legal, o la resolución de una autoridad competente, que restrinja el acceso a los datos personales, o no permita la rectificación, cancelación u oposición de los mismos, y

V. Cuando la rectificación, cancelación u oposición haya sido previamente realizada.

La negativa a que se refiere este artículo podrá ser parcial en cuyo caso el responsable efectuará el acceso, rectificación, cancelación u oposición requerida por el titular.

En todos los casos anteriores, el responsable deberá informar el motivo de su decisión y comunicarla al titular, o en su caso, al representante legal, en los plazos establecidos para tal efecto, por el mismo medio por el que se llevó a cabo la solicitud, acompañando, en su caso, las pruebas que resulten pertinentes.

Artículo 35

La entrega de los datos personales será gratuita, debiendo cubrir el titular únicamente los gastos justificados de envío o con el costo de reproducción en copias u otros formatos.

Dicho derecho se ejercerá por el titular en forma gratuita, previa acreditación de su identidad ante el responsable. No obstante, si la misma persona reitera su solicitud en un periodo menor a doce meses, los costos no serán mayores a tres días de Salario

Mínimo General Vigente en el Distrito Federal, a menos que existan modificaciones sustanciales al aviso de privacidad que motiven nuevas consultas.

El titular podrá presentar una solicitud de protección de datos por la respuesta recibida o falta de respuesta del responsable, de conformidad con lo establecido en el siguiente Capítulo.

CAPÍTULO V
DE LA TRANSFERENCIA DE DATOS

Artículo 36

Cuando el responsable pretenda transferir los datos personales a terceros nacionales o extranjeros, distintos del encargado, deberá comunicar a éstos el aviso de privacidad y las finalidades a las que el titular sujetó su tratamiento.

El tratamiento de los datos se hará conforme a lo convenido en el aviso de privacidad, el cual contendrá una cláusula en la que se indique si el titular acepta o no la transferencia de sus datos, de igual manera, el tercero receptor, asumirá las mismas obligaciones que correspondan al responsable que transfirió los datos.

Artículo 37

Las transferencias nacionales o internacionales de datos podrán llevarse a cabo sin el consentimiento del titular cuando se dé alguno de los siguientes supuestos:

I. Cuando la transferencia esté prevista en una Ley o Tratado en los que México sea parte;

II. Cuando la transferencia sea necesaria para la prevención o el diagnóstico médico, la prestación de asistencia sanitaria, tratamiento médico o la gestión de servicios sanitarios;

III. Cuando la transferencia sea efectuada a sociedades controladoras, subsidiarias o afiliadas bajo el control común del responsable, o a una sociedad matriz o a cualquier sociedad del mismo grupo del responsable que opere bajo los mismos procesos y políticas internas;

IV. Cuando la transferencia sea necesaria por virtud de un contrato celebrado o por celebrar en interés del titular, por el responsable y un tercero;

V. Cuando la transferencia sea necesaria o legalmente exigida para la salvaguarda de un interés público, o para la procuración o administración de justicia;

VI. Cuando la transferencia sea precisa para el reconocimiento, ejercicio o defensa de un derecho en un proceso judicial, y

VII. Cuando la transferencia sea precisa para el mantenimiento o cumplimiento de una relación jurídica entre el responsable y el titular.

CAPÍTULO VI
DE LAS AUTORIDADES

SECCIÓN I
DEL INSTITUTO

Artículo 38

El Instituto, para efectos de esta Ley, tendrá por objeto difundir el conocimiento del derecho a la protección de datos personales en la sociedad mexicana, promover su ejercicio y vigilar por la debida observancia de las disposiciones previstas en la presente Ley y que deriven de la misma; en particular aquellas relacionadas con el cumplimiento de obligaciones por parte de los sujetos regulados por este ordenamiento.

Artículo 39

El Instituto tiene las siguientes atribuciones:

I. Vigilar y verificar el cumplimiento de las disposiciones contenidas en esta Ley, en el ámbito de su competencia, con las excepciones previstas por la legislación;

II. Interpretar en el ámbito administrativo la presente Ley;

III. Proporcionar apoyo técnico a los responsables que lo soliciten, para el cumplimiento de las obligaciones establecidas en la presente Ley;

IV. Emitir los criterios y recomendaciones, de conformidad con las disposiciones aplicables de esta Ley, para efectos de su funcionamiento y operación;

V. Divulgar estándares y mejores prácticas internacionales en materia de seguridad de la información, en atención a la naturaleza de los datos; las finalidades del tratamiento, y las capacidades técnicas y económicas del responsable;

VI. Conocer y resolver los procedimientos de protección de derechos y de verificación señalados en esta Ley e imponer las sanciones según corresponda;

VII. Cooperar con otras autoridades de supervisión y organismos nacionales e internacionales, a efecto de coadyuvar en materia de protección de datos;

VIII. Rendir al Congreso de la Unión un informe anual de sus actividades;

IX. Acudir a foros internacionales en el ámbito de la presente Ley;

X. Elaborar estudios de impacto sobre la privacidad previos a la puesta en práctica de una nueva modalidad de tratamiento de datos personales o a la realización de modificaciones sustanciales en tratamientos ya existentes;

XI. Desarrollar, fomentar y difundir análisis, estudios e investigaciones en materia de protección de datos personales en Posesión de los Particulares y brindar capacitación a los sujetos obligados, y

XII. Las demás que le confieran esta Ley y demás ordenamientos aplicables.

SECCIÓN II
DE LAS AUTORIDADES REGULADORAS

Artículo 40

La presente Ley constituirá el marco normativo que las dependencias deberán observar, en el ámbito de sus propias atribuciones, para la emisión de la regulación que corresponda, con la coadyuvancia del Instituto.

Artículo 41

La Secretaría, para efectos de esta Ley, tendrá como función difundir el conocimiento de las obligaciones en torno a la protección de datos personales entre la iniciativa privada nacional e internacional con actividad comercial en territorio mexicano; promoverá las mejores prácticas comerciales en torno a la protección de los datos personales como insumo de la economía digital, y el desarrollo económico nacional en su conjunto.

Artículo 42

En lo referente a las bases de datos de comercio, la regulación que emita la Secretaría, únicamente será aplicable a aquellas bases de datos automatizadas o que formen parte de un proceso de automatización.

Artículo 43

La Secretaría tiene las siguientes atribuciones:

I. Difundir el conocimiento respecto a la protección de datos personales en el ámbito comercial;

II. Fomentar las buenas prácticas comerciales en materia de protección de datos personales;

III. Emitir los lineamientos correspondientes para el contenido y alcances de los avisos de privacidad en coadyuvancia con el Instituto, a que se refiere la presente Ley;

IV. Emitir, en el ámbito de su competencia, las disposiciones administrativas de carácter general a que se refiere el artículo 40, en coadyuvancia con el Instituto;

V. Fijar los parámetros necesarios para el correcto desarrollo de los mecanismos y medidas de autorregulación a que se refiere el artículo 44 de la presente Ley, incluido la promoción de Normas Mexicanas o Normas Oficiales Mexicanas, en coadyuvancia con el Instituto;

VI. Llevar a cabo los registros de consumidores en materia de datos personales y verificar su funcionamiento;

VII. Celebrar convenios con cámaras de comercio, asociaciones y organismos empresariales en lo general, en materia de protección de datos personales;

VIII. Diseñar e instrumentar políticas y coordinar la elaboración de estudios para la modernización y operación eficiente del comercio electrónico, así como para promover el desarrollo de la economía digital y las tecnologías de la información en materia de protección de datos personales;

IX. Acudir a foros comerciales nacionales e internacionales en materia de protección de datos personales, o en aquellos eventos de naturaleza comercial, y

X. Apoyar la realización de eventos, que contribuyan a la difusión de la protección de los datos personales.

Artículo 44

Las personas físicas o morales podrán convenir entre ellas o con organizaciones civiles o gubernamentales, nacionales o extranjeras, esquemas de autorregulación vinculante en la materia, que complementen lo dispuesto por la presente Ley. Dichos esquemas deberán contener mecanismos para medir su eficacia en la protección de los datos, consecuencias y medidas correctivas eficaces en caso de incumplimiento.

Los esquemas de autorregulación podrán traducirse en códigos deontológicos o de buena práctica profesional, sellos de confianza u otros mecanismos y contendrán reglas o estándares específicos que permitan armonizar los tratamientos de datos efectuados por los adheridos y facilitar el ejercicio de los derechos de los titulares. Dichos esquemas serán notificados de manera simultánea a las autoridades sectoriales correspondientes y al Instituto.

CAPÍTULO VII
DEL PROCEDIMIENTO DE PROTECCIÓN DE DERECHOS

Artículo 45

El procedimiento se iniciará a instancia del titular de los datos o de su representante legal, expresando con claridad el contenido de su reclamación y de los preceptos de esta Ley que se consideran vulnerados. La solicitud de protección de datos deberá presentarse ante el Instituto dentro de los quince días siguientes a la fecha en que se comunique la respuesta al titular por parte del responsable.

En el caso de que el titular de los datos no reciba respuesta por parte del responsable, la solicitud de protección de datos podrá ser presentada a partir de que haya vencido el plazo de respuesta previsto para el responsable. En este caso, bastará que el titular de los datos acompañe a su solicitud de protección de datos el documento que pruebe la fecha en que presentó la solicitud de acceso, rectificación, cancelación u oposición.

La solicitud de protección de datos también procederá en los mismos términos cuando el responsable no entregue al titular los datos personales solicitados; o lo haga en un formato incomprensible, se niegue a efectuar modificaciones o correcciones a los datos personales, el titular no esté conforme con la información entregada por considerar que es incompleta o no corresponda a la información requerida.

Recibida la solicitud de protección de datos ante el Instituto, se dará traslado de la misma al responsable, para que, en el plazo de quince días, emita respuesta, ofrezca las pruebas que estime pertinentes y manifieste por escrito lo que a su derecho convenga.

El Instituto admitirá las pruebas que estime pertinentes y procederá a su desahogo. Asimismo, podrá solicitar del responsable las demás pruebas que estime necesarias. Concluido el desahogo de las pruebas, el Instituto notificará al responsable el derecho que le asiste para que, de considerarlo necesario, presente sus alegatos dentro de los cinco días siguientes a su notificación.

Para el debido desahogo del procedimiento, el Instituto resolverá sobre la solicitud de protección de datos formulada, una vez analizadas las pruebas y demás elementos de convicción que estime pertinentes, como pueden serlo aquéllos que deriven de la o las audiencias que se celebren con las partes.

El Reglamento de la Ley establecerá la forma, términos y plazos conforme a los que se desarrollará el procedimiento de protección de derechos.

Artículo 46

La solicitud de protección de datos podrá interponerse por escrito libre o a través de los formatos, del sistema electrónico que al efecto proporcione el Instituto y deberá contener la siguiente información:

I. El nombre del titular o, en su caso, el de su representante legal, así como del tercero interesado, si lo hay;

II. El nombre del responsable ante el cual se presentó la solicitud de acceso, rectificación, cancelación u oposición de datos personales;

III. El domicilio para oír y recibir notificaciones;

IV. La fecha en que se le dio a conocer la respuesta del responsable, salvo que el procedimiento inicie con base en lo previsto en el artículo 50;

V. Los actos que motivan su solicitud de protección de datos, y

VI. Los demás elementos que se considere procedente hacer del conocimiento del Instituto.

La forma y términos en que deba acreditarse la identidad del titular o bien, la representación legal se establecerán en el Reglamento.

Asimismo, a la solicitud de protección de datos deberá acompañarse la solicitud y la respuesta que se recurre o, en su caso, los datos que permitan su identificación. En el caso de falta de respuesta sólo será necesario presentar la solicitud.

En el caso de que la solicitud de protección de datos se interponga a través de medios que no sean electrónicos, deberá acompañarse de las copias de traslado suficientes.

Artículo 47

El plazo máximo para dictar la resolución en el procedimiento de protección de derechos será de cincuenta días, contados a partir de la fecha de presentación de la solicitud de protección de datos. Cuando haya causa justificada, el Pleno del Instituto podrá ampliar por una vez y hasta por un período igual este plazo.

Artículo 48

En caso que la resolución de protección de derechos resulte favorable al titular de los datos, se requerirá al responsable para que, en el plazo de diez días siguientes a la notificación o cuando así se justifique, uno mayor que fije la propia resolución, haga efectivo el ejercicio de los derechos objeto de protección, debiendo dar cuenta por escrito de dicho cumplimiento al Instituto dentro de los siguientes diez días.

Artículo 49

En caso de que la solicitud de protección de datos no satisfaga alguno de los requisitos a que se refiere el artículo 46 de esta Ley, y el Instituto no cuente con elementos para subsanarlo, se prevendrá al titular de los datos dentro de los veinte días hábiles siguientes a la presentación de la solicitud de protección de datos, por una sola ocasión, para que subsane las omisiones dentro de un plazo de cinco días. Transcurrido el plazo sin desahogar la prevención se tendrá por no presentada la solicitud de protección de datos. La prevención tendrá el efecto de interrumpir el plazo que tiene el Instituto para resolver la solicitud de protección de datos.

Artículo 50

El Instituto suplirá las deficiencias de la queja en los casos que así se requiera, siempre y cuando no altere el contenido original de la solicitud de acceso, rectificación, cancelación u oposición de datos personales, ni se modifiquen los hechos o peticiones expuestos en la misma o en la solicitud de protección de datos.

Artículo 51

Las resoluciones del Instituto podrán:

I. Sobreseer o desechar la solicitud de protección de datos por improcedente, o

II. Confirmar, revocar o modificar la respuesta del responsable.

Artículo 52

La solicitud de protección de datos será desechada por improcedente cuando:

I. El Instituto no sea competente;

II. El Instituto haya conocido anteriormente de la solicitud de protección de datos contra el mismo acto y resuelto en definitiva respecto del mismo recurrente;

III. Se esté tramitando ante los tribunales competentes algún recurso o medio de defensa interpuesto por el titular que pueda tener por efecto modificar o revocar el acto respectivo;

IV. Se trate de una solicitud de protección de datos ofensiva o irracional, o

V. Sea extemporánea.

Artículo 53

La solicitud de protección de datos será sobreseída cuando:

I. El titular fallezca;

II. El titular se desista de manera expresa;

III. Admitida la solicitud de protección de datos, sobrevenga una causal de improcedencia, y

IV. Por cualquier motivo quede sin materia la misma.

Artículo 54

El Instituto podrá en cualquier momento del procedimiento buscar una conciliación entre el titular de los datos y el responsable.

De llegarse a un acuerdo de conciliación entre ambos, éste se hará constar por escrito y tendrá efectos vinculantes. La solicitud de protección de datos quedará sin materia y el Instituto verificará el cumplimiento del acuerdo respectivo.

Para efectos de la conciliación a que se alude en el presente ordenamiento, se estará al procedimiento que se establezca en el Reglamento de esta Ley.

Artículo 55

Interpuesta la solicitud de protección de datos ante la falta de respuesta a una solicitud en ejercicio de los derechos de acceso, rectificación, cancelación u oposición por parte del responsable, el Instituto dará vista al citado responsable para que, en un plazo no mayor a diez días, acredite haber respondido en tiempo y forma la solicitud, o bien dé respuesta a la misma. En caso de que la respuesta atienda a lo solicitado, la solicitud de protección de datos se considerará improcedente y el Instituto deberá sobreseerlo.

En el segundo caso, el Instituto emitirá su resolución con base en el contenido de la solicitud original y la respuesta del responsable que alude el párrafo anterior.

Si la resolución del Instituto a que se refiere el párrafo anterior determina la procedencia de la solicitud, el responsable procederá a su cumplimiento, sin costo alguno para el titular, debiendo cubrir el responsable todos los costos generados por la reproducción correspondiente.

Artículo 56

Contra las resoluciones del Instituto, los particulares podrán promover el juicio de nulidad ante el Tribunal Federal de Justicia Fiscal y Administrativa.

Artículo 57

Todas las resoluciones del Instituto serán susceptibles de difundirse públicamente en versiones públicas, eliminando aquellas referencias al titular de los datos que lo identifiquen o lo hagan identificable.

Artículo 58

Los titulares que consideren que han sufrido un daño o lesión en sus bienes o derechos como consecuencia del incumplimiento a lo dispuesto en la presente Ley por el responsable o el encargado, podrán ejercer los derechos que estimen pertinentes para efectos de la indemnización que proceda, en términos de las disposiciones legales correspondientes.

CAPÍTULO VIII
DEL PROCEDIMIENTO DE VERIFICACIÓN

Artículo 59

El Instituto verificará el cumplimiento de la presente Ley y de la normatividad que de ésta derive. La verificación podrá iniciarse de oficio o a petición de parte.

La verificación de oficio procederá cuando se dé el incumplimiento a resoluciones dictadas con motivo de procedimientos de protección de derechos a que se refiere el Capítulo anterior o se presuma fundada y motivadamente la existencia de violaciones a la presente Ley.

Artículo 60

En el procedimiento de verificación el Instituto tendrá acceso a la información y documentación que considere necesarias, de acuerdo a la resolución que lo motive.

Los servidores públicos federales estarán obligados a guardar confidencialidad sobre la información que conozcan derivada de la verificación correspondiente.

El Reglamento desarrollará la forma, términos y plazos en que se sustanciará el procedimiento a que se refiere el presente artículo.

CAPÍTULO IX
DEL PROCEDIMIENTO DE IMPOSICIÓN DE SANCIONES

Artículo 61

Si con motivo del desahogo del procedimiento de protección de derechos o del procedimiento de verificación que realice el Instituto, éste tuviera conocimiento de un presunto incumplimiento de alguno de los principios o disposiciones de esta Ley, iniciará el procedimiento a que se refiere este Capítulo, a efecto de determinar la sanción que corresponda.

Artículo 62

El procedimiento de imposición de sanciones dará comienzo con la notificación que efectúe el Instituto al presunto infractor, sobre los hechos que motivaron el inicio del procedimiento y le otorgará un término de quince días para que rinda pruebas y manifieste por escrito lo que a su derecho convenga. En caso de no rendirlas, el Instituto resolverá conforme a los elementos de convicción de que disponga.

El Instituto admitirá las pruebas que estime pertinentes y procederá a su desahogo. Asimismo, podrá solicitar del presunto infractor las demás pruebas que estime necesarias. Concluido el desahogo de las pruebas, el Instituto notificará al presunto infractor el derecho que le asiste para que, de considerarlo necesario, presente sus alegatos dentro de los cinco días siguientes a su notificación.

El Instituto, una vez analizadas las pruebas y demás elementos de convicción que estime pertinentes, resolverá en definitiva dentro de los cincuenta días siguientes a la fecha en que inició el procedimiento sancionador. Dicha resolución deberá ser notificada a las partes.

Cuando haya causa justificada, el Pleno del Instituto podrá ampliar por una vez y hasta por un período igual este plazo.

El Reglamento desarrollará la forma, términos y plazos en que se sustanciará el procedimiento de imposición de sanciones, incluyendo presentación de pruebas y alegatos, la celebración de audiencias y el cierre de instrucción.

CAPÍTULO X
DE LAS INFRACCIONES Y SANCIONES

Artículo 63

Constituyen infracciones a esta Ley, las siguientes conductas llevadas a cabo por el responsable:

I. No cumplir con la solicitud del titular para el acceso, rectificación, cancelación u oposición al tratamiento de sus datos personales, sin razón fundada, en los términos previstos en esta Ley;

II. Actuar con negligencia o dolo en la tramitación y respuesta de solicitudes de acceso, rectificación, cancelación u oposición de datos personales;

III. Declarar dolosamente la inexistencia de datos personales, cuando exista total o parcialmente en las bases de datos del responsable;

IV. Dar tratamiento a los datos personales en contravención a los principios establecidos en la presente Ley;

V. Omitir en el aviso de privacidad, alguno o todos los elementos a que se refiere el artículo 16 de esta Ley;

VI. Mantener datos personales inexactos cuando resulte imputable al responsable, o no efectuar las rectificaciones o cancelaciones de los mismos que legalmente procedan cuando resulten afectados los derechos de los titulares;

VII. No cumplir con el apercibimiento a que se refiere la fracción I del artículo 64;

VIII. Incumplir el deber de confidencialidad establecido en el artículo 21 de esta Ley;

IX. Cambiar sustancialmente la finalidad originaria del tratamiento de los datos, sin observar lo dispuesto por el artículo 12;

X. Transferir datos a terceros sin comunicar a éstos el aviso de privacidad que contiene las limitaciones a que el titular sujetó la divulgación de los mismos;

XI. Vulnerar la seguridad de bases de datos, locales, programas o equipos, cuando resulte imputable al responsable;

XII. Llevar a cabo la transferencia o cesión de los datos personales, fuera de los casos en que esté permitida por la Ley;

XIII. Recabar o transferir datos personales sin el consentimiento expreso del titular, en los casos en que éste sea exigible;

XIV. Obstruir los actos de verificación de la autoridad;

XV. Recabar datos en forma engañosa y fraudulenta;

XVI. Continuar con el uso ilegítimo de los datos personales cuando se ha solicitado el cese del mismo por el Instituto o los titulares;

XVII. Tratar los datos personales de manera que se afecte o impida el ejercicio de los derechos de acceso, rectificación, cancelación y oposición establecidos en el artículo 16 de la Constitución Política de los Estados Unidos Mexicanos;

XVIII. Crear bases de datos en contravención a lo dispuesto por el artículo 9, segundo párrafo de esta Ley, y

XIX. Cualquier incumplimiento del responsable a las obligaciones establecidas a su cargo en términos de lo previsto en la presente Ley.

Artículo 64

Las infracciones a la presente Ley serán sancionadas por el Instituto con:

I. El apercibimiento para que el responsable lleve a cabo los actos solicitados por el titular, en los términos previstos por esta Ley, tratándose de los supuestos previstos en la fracción I del artículo anterior;

II. Multa de 100 a 160,000 días de salario mínimo vigente en el Distrito Federal, en los casos previstos en las fracciones II a VII del artículo anterior;

III. Multa de 200 a 320,000 días de salario mínimo vigente en el Distrito Federal, en los casos previstos en las fracciones VIII a XVIII del artículo anterior, y

IV. En caso de que de manera reiterada persistan las infracciones citadas en los incisos anteriores, se impondrá una multa adicional que irá de 100 a 320,000 días de salario mínimo vigente en el Distrito Federal. En tratándose de infracciones cometidas en el tratamiento de datos sensibles, las sanciones podrán incrementarse hasta por dos veces, los montos establecidos.

Artículo 65

El Instituto fundará y motivará sus resoluciones, considerando:

I. La naturaleza del dato;

II. La notoria improcedencia de la negativa del responsable, para realizar los actos solicitados por el titular, en términos de esta Ley;

III. El carácter intencional o no, de la acción u omisión constitutiva de la infracción;

IV. La capacidad económica del responsable, y

V. La reincidencia.

Artículo 66

Las sanciones que se señalan en este Capítulo se impondrán sin perjuicio de la responsabilidad civil o penal que resulte.

CAPÍTULO XI
DE LOS DELITOS EN MATERIA DEL TRATAMIENTO INDEBIDO DE DATOS PERSONALES

Artículo 67

Se impondrán de tres meses a tres años de prisión al que estando autorizado para tratar datos personales, con ánimo de lucro, provoque una vulneración de seguridad a las bases de datos bajo su custodia.

Artículo 68

Se sancionará con prisión de seis meses a cinco años al que, con el fin de alcanzar un lucro indebido, trate datos personales mediante el engaño, aprovechándose del error en que se encuentre el titular o la persona autorizada para transmitirlos.

Artículo 69

Tratándose de datos personales sensibles, las penas a que se refiere este Capítulo se duplicarán.

TRANSITORIOS

Primero

El presente Decreto entrará en vigor al día siguiente al de su publicación en el Diario Oficial de la Federación.

Segundo

El Ejecutivo Federal expedirá el Reglamento de esta Ley dentro del año siguiente a su entrada en vigor.

Tercero

Los responsables designarán a la persona o departamento de datos personales a que se refiere el artículo 30 de la Ley y expedirán sus avisos de privacidad a los titulares de datos personales de conformidad a lo dispuesto por los artículos 16 y 17 a más tardar un año después de la entrada en vigor de la presente Ley.

Cuarto

Los titulares podrán ejercer ante los responsables sus derechos de acceso, rectificación, cancelación y oposición contemplados en el Capítulo IV de la Ley; así como dar inicio, en su caso, al procedimiento de protección de derechos establecido en el Capítulo VII de la misma, dieciocho meses después de la entrada en vigor de la Ley.

Quinto

En cumplimiento a lo dispuesto por el artículo tercero transitorio del Decreto por el que se adiciona la fracción XXIX-O al artículo 73 de la Constitución Política de los Estados Unidos Mexicanos, publicado en el Diario Oficial de la Federación el 30 de abril de 2009, las disposiciones locales en materia de protección de datos personales en posesión de los particulares se abrogan, y se derogan las demás disposiciones que se opongan a la presente Ley.

Sexto

Las referencias que con anterioridad a la entrada en vigor del presente Decreto, se hacen en las leyes, tratados y acuerdos internacionales, reglamentos y demás ordenamientos al Instituto Federal de Acceso a la Información Pública, en lo futuro se entenderán hechas al Instituto Federal de Acceso a la Información y Protección de Datos Personales.

Séptimo

Las acciones que, en cumplimiento a lo dispuesto en la Ley Federal de Protección de Datos Personales en Posesión de los Particulares, corresponda realizar al Ejecutivo

Federal, se sujetarán a los presupuestos aprobados de las instituciones correspondientes y a las disposiciones de la Ley Federal de Presupuesto y Responsabilidad Hacendaria.

Octavo

El Presupuesto de Egresos de la Federación para el Ejercicio Fiscal de 2011 considerará partidas suficientes para el adecuado funcionamiento del Instituto Federal de Acceso a la Información y Protección de Datos en las materias de esta Ley.

ARTÍCULO SEGUNDO....

México, D.F., a 27 de abril de 2010.- Dip. Francisco Javier Ramirez Acuña, Presidente.- Sen. Carlos Navarrete Ruiz, Presidente.- Dip. Georgina Trujillo Zentella, Secretaria.- Sen. Renán Cleominio Zoreda Novelo, Secretario.- Rúbricas."

En cumplimiento de lo dispuesto por la fracción I del Artículo 89 de la Constitución Política de los Estados Unidos Mexicanos, y para su debida publicación y observancia, expido el presente Decreto en la Residencia del Poder Ejecutivo Federal, en la Ciudad de México, Distrito Federal, a veintiocho de junio de dos mil diez.- Felipe de Jesús Calderón Hinojosa.- Rúbrica.- El Secretario de Gobernación, Lic. Fernando Francisco Gómez Mont Urueta.- Rúbrica.

REGLAMENTO DE LA LEY FEDERAL DE PROTECCIÓN DE DATOS PERSONALES EN POSESIÓN DE LOS PARTICULARES

TEXTO ORIGINAL.

Reglamento publicado en la Tercera Sección del Diario Oficial de la Federación, el miércoles 21 de diciembre de 2011.

Al margen un sello con el Escudo Nacional, que dice: Estados Unidos Mexicanos.- Presidencia de la República.

FELIPE DE JESÚS CALDERÓN HINOJOSA, Presidente de los Estados Unidos Mexicanos, en ejercicio de la facultad que me confiere el artículo 89, fracción I de la Constitución Política de los Estados Unidos Mexicanos, con fundamento en los artículos 34 de la Ley Orgánica de la Administración Pública Federal y 3, fracción X, 18, último párrafo, 45, último párrafo, 46, segundo párrafo, 54, último párrafo, 60, último párrafo y 62, último párrafo de la Ley Federal de Protección de Datos Personales en Posesión de los Particulares, he tenido a bien expedir el siguiente

REGLAMENTO DE LA LEY FEDERAL DE PROTECCIÓN DE DATOS PERSONALES EN POSESIÓN DE LOS PARTICULARES

CAPÍTULO I
DISPOSICIONES GENERALES

Objeto

Artículo 1

El presente ordenamiento tiene por objeto reglamentar las disposiciones de la Ley Federal de Protección de Datos Personales en Posesión de los Particulares.

Definiciones

Artículo 2

Además de las definiciones establecidas en el artículo 3 de la Ley Federal de Protección de Datos Personales en Posesión de los Particulares, para los efectos del presente Reglamento se entenderá por:

I. Dependencias: Las señaladas en el artículo 26 de la Ley Orgánica de la Administración Pública Federal;

II. Derechos ARCO: Son los derechos de acceso, rectificación, cancelación y oposición;

III. Entorno digital: Es el ámbito conformado por la conjunción de hardware, software, redes, aplicaciones, servicios o cualquier otra tecnología de la sociedad de la información que permiten el intercambio o procesamiento informatizado o digitalizado de datos;

IV. Listado de exclusión: Base de datos que tiene por objeto registrar de manera gratuita la negativa del titular al tratamiento de sus datos personales;

V. Medidas de seguridad administrativas: Conjunto de acciones y mecanismos para establecer la gestión, soporte y revisión de la seguridad de la información a nivel organizacional, la identificación y clasificación de la información, así como la concienciación, formación y capacitación del personal, en materia de protección de datos personales;

VI. Medidas de seguridad físicas: Conjunto de acciones y mecanismos, ya sea que empleen o no la tecnología, destinados para:

a) Prevenir el acceso no autorizado, el daño o interferencia a las instalaciones físicas, áreas críticas de la organización, equipo e información;

b) Proteger los equipos móviles, portátiles o de fácil remoción, situados dentro o fuera de las instalaciones;

c) Proveer a los equipos que contienen o almacenan datos personales de un mantenimiento que asegure su disponibilidad, funcionalidad e integridad, y

d) Garantizar la eliminación de datos de forma segura;

VII. Medidas de seguridad técnicas: Conjunto de actividades, controles o mecanismos con resultado medible, que se valen de la tecnología para asegurar que:

a) El acceso a las bases de datos lógicas o a la información en formato lógico sea por usuarios identificados y autorizados;

b) El acceso referido en el inciso anterior sea únicamente para que el usuario lleve a cabo las actividades que requiere con motivo de sus funciones;

c) Se incluyan acciones para la adquisición, operación, desarrollo y mantenimiento de sistemas seguros, y

d) Se lleve a cabo la gestión de comunicaciones y operaciones de los recursos informáticos que se utilicen en el tratamiento de datos personales;

VIII. Persona física identificable: Toda persona física cuya identidad pueda determinarse, directa o indirectamente, mediante cualquier información. No se considera persona física identificable cuando para lograr la identidad de ésta se requieran plazos o actividades desproporcionadas;

IX. Remisión: La comunicación de datos personales entre el responsable y el encargado, dentro o fuera del territorio mexicano;

X. Soporte electrónico: Medio de almacenamiento al que se pueda acceder sólo mediante el uso de algún aparato con circuitos electrónicos que procese su contenido para examinar, modificar o almacenar los datos personales, incluidos los microfilms;

XI. Soporte físico: Medio de almacenamiento inteligible a simple vista, es decir, que no requiere de ningún aparato que procese su contenido para examinar, modificar o almacenar los datos personales, y

XII. Supresión: Actividad consistente en eliminar, borrar o destruir el o los datos personales, una vez concluido el periodo de bloqueo, bajo las medidas de seguridad previamente establecidas por el responsable.

Ámbito objetivo de aplicación

Artículo 3

El presente Reglamento será de aplicación al tratamiento de datos personales que obren en soportes físicos o electrónicos, que hagan posible el acceso a los datos personales con arreglo a criterios determinados, con independencia de la forma o modalidad de su creación, tipo de soporte, procesamiento, almacenamiento y organización.

No se aplicarán las disposiciones del presente Reglamento cuando para acceder a los datos personales, se requieran plazos o actividades desproporcionadas.

En términos del artículo 3, fracción V de la Ley, los datos personales podrán estar expresados en forma numérica, alfabética, gráfica, fotográfica, acústica o de cualquier otro tipo, concerniente a una persona física identificada o persona física identificable.

Ámbito territorial de aplicación

Artículo 4

El presente Reglamento será de aplicación obligatoria a todo tratamiento cuando:

I. Sea efectuado en un establecimiento del responsable ubicado en territorio mexicano;

II. Sea efectuado por un encargado con independencia de su ubicación, a nombre de un responsable establecido en territorio mexicano;

III. El responsable no esté establecido en territorio mexicano pero le resulte aplicable la legislación mexicana, derivado de la celebración de un contrato o en términos del derecho internacional, y

IV. El responsable no esté establecido en territorio mexicano y utilice medios situados en dicho territorio, salvo que tales medios se utilicen únicamente con fines de tránsito que no impliquen un tratamiento. Para efectos de esta fracción, el responsable deberá proveer los medios que resulten necesarios para el efectivo cumplimiento de las obligaciones que impone la Ley, su Reglamento y demás disposiciones aplicables, derivado del tratamiento de datos personales. Para ello, podrá designar un representante o implementar el mecanismo que considere pertinente, siempre que a través del mismo se garantice que el responsable estará en posibilidades de cumplir de manera efectiva, en territorio mexicano, con las obligaciones que la normativa aplicable imponen a aquellas personas físicas o morales que tratan datos personales en México.

Cuando el responsable no se encuentre ubicado en territorio mexicano, pero el encargado lo esté, a este último le serán aplicables las disposiciones relativas a las medidas de seguridad contenidas en el Capítulo III del presente Reglamento.

En el caso de personas físicas, el establecimiento se entenderá como el local en donde se encuentre el principal asiento de sus negocios o el que utilicen para el desempeño de sus actividades o su casa habitación.

Tratándose de personas morales, el establecimiento se entenderá como el local en donde se encuentre la administración principal del negocio; si se trata de personas morales residentes en el extranjero, el local en donde se encuentre la administración principal del negocio en territorio mexicano, o en su defecto el que designen, o cualquier instalación estable que permita el ejercicio efectivo o real de una actividad.

Información de personas físicas con actividad comercial y datos de representación y contacto

Artículo 5

Las disposiciones del presente Reglamento no serán aplicables a la información siguiente:

I. La relativa a personas morales;

II. Aquélla que refiera a personas físicas en su calidad de comerciantes y profesionistas, y

III. La de personas físicas que presten sus servicios para alguna persona moral o persona física con actividades empresariales y/o prestación de servicios, consistente únicamente en su nombre y apellidos, las funciones o puestos desempeñados, así como algunos de los siguientes datos laborales: domicilio físico, dirección electrónica, teléfono y número de fax; siempre que esta información sea tratada para fines de representación del empleador o contratista.

Tratamiento derivado de una relación jurídica

Artículo 6

Cuando el tratamiento tenga como propósito cumplir con una obligación derivada de una relación jurídica, no se considerará para uso exclusivamente personal.

Fuentes de acceso público

Artículo 7

Para los efectos del artículo 3, fracción X de la Ley, se consideran fuentes de acceso público:

I. Los medios remotos o locales de comunicación electrónica, óptica y de otra tecnología, siempre que el sitio donde se encuentren los datos personales esté concebido para facilitar información al público y esté abierto a la consulta general;

II. Los directorios telefónicos en términos de la normativa específica;

III. Los diarios, gacetas o boletines oficiales, de acuerdo con su normativa, y

IV. Los medios de comunicación social.

Para que los supuestos enumerados en el presente artículo sean considerados fuentes de acceso público será necesario que su consulta pueda ser realizada por cualquier persona no impedida por una norma limitativa, o sin más exigencia que, en su caso, el pago de una contraprestación, derecho o tarifa.

No se considerará una fuente de acceso público cuando la información contenida en la misma sea o tenga una procedencia ilícita.

El tratamiento de datos personales obtenidos a través de fuentes de acceso público, respetará la expectativa razonable de privacidad, a que se refiere el tercer párrafo del artículo 7 de la Ley.

Grupos sin personalidad jurídica

Artículo 8

Las personas integrantes de un grupo que actúe sin personalidad jurídica y que trate datos personales para finalidades específicas o propias del grupo se considerarán también responsables o encargados, según sea el caso.

CAPÍTULO II
DE LOS PRINCIPIOS DE PROTECCIÓN DE DATOS PERSONALES

SECCIÓN I
PRINCIPIOS

Principios de Protección de Datos

Artículo 9

De acuerdo con lo previsto en el artículo 6 de la Ley, los responsables deben cumplir con los siguientes principios rectores de la protección de datos personales:

I. Licitud;
II. Consentimiento;
III. Información;
IV. Calidad;
V. Finalidad;
VI. Lealtad;
VII. Proporcionalidad, y
VIII. Responsabilidad.

Asimismo, el responsable deberá observar los deberes de seguridad y confidencialidad a que se refieren los artículos 19 y 21 de la Ley.

Principio de licitud

Artículo 10

El principio de licitud obliga al responsable a que el tratamiento sea con apego y cumplimiento a lo dispuesto por la legislación mexicana y el derecho internacional.

Principio de consentimiento

Artículo 11

El responsable deberá obtener el consentimiento para el tratamiento de los datos personales, a menos que no sea exigible con arreglo a lo previsto en el artículo 10 de la Ley. La solicitud del consentimiento deberá ir referida a una finalidad o finalidades determinadas, previstas en el aviso de privacidad.

Cuando los datos personales se obtengan personalmente o de manera directa de su titular, el consentimiento deberá ser previo al tratamiento.

Características del consentimiento

Artículo 12

La obtención del consentimiento tácito o expreso deberá ser:

I. Libre: sin que medie error, mala fe, violencia o dolo, que puedan afectar la manifestación de voluntad del titular;

II. Específica: referida a una o varias finalidades determinadas que justifiquen el tratamiento, y

III. Informada: que el titular tenga conocimiento del aviso de privacidad previo al tratamiento a que serán sometidos sus datos personales y las consecuencias de otorgar su consentimiento.

El consentimiento expreso también deberá ser inequívoco, es decir, que existan elementos que de manera indubitable demuestren su otorgamiento.

Consentimiento tácito

Artículo 13

Salvo que la Ley exija el consentimiento expreso del titular, será válido el consentimiento tácito como regla general, conforme a lo dispuesto en los artículos 11 y 12 del presente Reglamento.

Solicitud del consentimiento tácito

Artículo 14

Cuando el responsable pretenda recabar los datos personales directa o personalmente de su titular, deberá previamente poner a disposición de éste el aviso de privacidad, el cual debe contener un mecanismo para que, en su caso, el titular pueda manifestar su negativa al tratamiento de sus datos personales para las finalidades que sean distintas a aquéllas que son necesarias y den origen a la relación jurídica entre el responsable y el titular.

En los casos en que los datos personales se obtengan de manera indirecta del titular y tenga lugar un cambio de las finalidades que fueron consentidas en la transferencia, el responsable deberá poner a disposición del titular el aviso de privacidad previo al aprovechamiento de los datos personales. Cuando el aviso de privacidad no se haga del conocimiento del titular de manera directa o personal, el titular tendrá un plazo de cinco días para que, de ser el caso, manifieste su negativa para el tratamiento de sus datos personales para las finalidades que sean distintas a aquéllas que son necesarias y den origen a la relación jurídica entre el responsable y el titular. Si el titular no manifiesta su negativa para el tratamiento de sus datos de conformidad con lo anterior, se entenderá que ha otorgado su consentimiento para el tratamiento de los mismos, salvo prueba en contrario.

Cuando el responsable utilice mecanismos en medios remotos o locales de comunicación electrónica, óptica u otra tecnología, que le permitan recabar datos personales de manera automática y simultánea al tiempo que el titular hace contacto con los mismos, en ese momento se deberá informar al titular sobre el uso de esas tecnologías, que a través de las mismas se obtienen datos personales y la forma en que se podrán deshabilitar.

Consentimiento expreso

Artículo 15

El responsable deberá obtener el consentimiento expreso del titular cuando:
I. Lo exija una ley o reglamento;
II. Se trate de datos financieros o patrimoniales;
III. Se trate de datos sensibles;
IV. Lo solicite el responsable para acreditar el mismo, o
V. Lo acuerden así el titular y el responsable.

Solicitud del consentimiento expreso

Artículo 16

Cuando el consentimiento expreso sea exigido en términos de una disposición legal o reglamentaria, el responsable deberá facilitar al titular un medio sencillo y gratuito para que, en su caso, lo pueda manifestar.

Excepciones al principio del consentimiento

Artículo 17

En términos de lo dispuesto por los artículos 10, fracción IV y 37, fracción VII de la Ley, no se requerirá el consentimiento tácito o expreso para el tratamiento de los datos personales cuando éstos deriven de una relación jurídica entre el titular y el responsable.

No resulta aplicable lo establecido en el párrafo anterior cuando el tratamiento de datos personales sea para finalidades distintas a aquéllas que son necesarias y den origen a la relación jurídica entre el responsable y el titular. En ese caso, para la obtención del consentimiento tácito, el responsable deberá observar lo dispuesto en los artículos 8, tercer párrafo de la Ley y 11, 12 y 13 del presente Reglamento, y tratándose de datos sensibles, financieros y patrimoniales, deberá obtener el consentimiento expreso, o bien, expreso y por escrito, según lo exija la Ley.

Consentimiento verbal

Artículo 18

Se considera que el consentimiento expreso se otorgó verbalmente cuando el titular lo externa oralmente de manera presencial o mediante el uso de cualquier tecnología que permita la interlocución oral.

Consentimiento escrito

Artículo 19

Se considerará que el consentimiento expreso se otorgó por escrito cuando el titular lo externe mediante un documento con su firma autógrafa, huella dactilar o cualquier otro mecanismo autorizado por la normativa aplicable. Tratándose del entorno digital, podrán utilizarse firma electrónica o cualquier mecanismo o procedimiento que al efecto se establezca y permita identificar al titular y recabar su consentimiento.

Prueba para demostrar la obtención del consentimiento

Artículo 20

Para efectos de demostrar la obtención del consentimiento, la carga de la prueba recaerá, en todos los casos, en el responsable.

Revocación del consentimiento

Artículo 21

En cualquier momento, el titular podrá revocar su consentimiento para el tratamiento de sus datos personales, para lo cual el responsable deberá establecer mecanismos sencillos y gratuitos, que permitan al titular revocar su consentimiento al menos por el mismo medio por el que lo otorgó, siempre y cuando no lo impida una disposición legal.

Los mecanismos o procedimientos que el responsable establezca para atender las solicitudes de revocación del consentimiento no podrán exceder los plazos previstos en el artículo 32 de la Ley.

Cuando el titular solicite la confirmación del cese del tratamiento de sus datos personales, el responsable deberá responder expresamente a dicha solicitud.

En caso de que los datos personales hubiesen sido remitidos con anterioridad a la fecha de revocación del consentimiento y sigan siendo tratados por encargados, el responsable deberá hacer de su conocimiento dicha revocación, para que procedan a efectuar lo conducente.

Procedimiento ante la negativa al cese en el tratamiento

Artículo 22

En caso de negativa por parte del responsable al cese en el tratamiento ante la revocación del consentimiento, el titular podrá presentar ante el Instituto la denuncia correspondiente a que refiere el Capítulo IX del presente Reglamento.

Principio de información

Artículo 23

El responsable deberá dar a conocer al titular la información relativa a la existencia y características principales del tratamiento a que serán sometidos sus datos personales a través del aviso de privacidad, de conformidad con lo previsto en la Ley y el presente Reglamento.

Características del aviso de privacidad

Artículo 24

El aviso de privacidad deberá caracterizarse por ser sencillo, con información necesaria, expresado en lenguaje claro y comprensible, y con una estructura y diseño que facilite su entendimiento.

Medios de difusión

Artículo 25

Para la difusión de los avisos de privacidad, el responsable podrá valerse de formatos físicos, electrónicos, medios verbales o cualquier otra tecnología, siempre y cuando garantice y cumpla con el deber de informar al titular.

Elementos del aviso de privacidad

Artículo 26

El aviso de privacidad deberá contener los elementos a que se refieren los artículos 8, 15, 16, 33 y 36 de la Ley, así como los que se establezcan en los lineamientos a que se refiere el artículo 43, fracción III de la Ley.

Aviso de privacidad para la obtención directa de los datos personales

Artículo 27

En términos del artículo 17, fracción II de la Ley, cuando los datos personales sean obtenidos directamente del titular, el responsable deberá proporcionar de manera inmediata al menos la siguiente información:

I. La identidad y domicilio del responsable;

II. Las finalidades del tratamiento, y

III. Los mecanismos que el responsable ofrece para que el titular conozca el aviso de privacidad de conformidad con el artículo 26 del presente Reglamento.

La divulgación inmediata de la información antes señalada no exime al responsable de la obligación de proveer los mecanismos para que el titular conozca el contenido del aviso de privacidad, de conformidad con el artículo 26 del presente Reglamento.

Aviso de privacidad en formatos con espacio limitado

Artículo 28

El responsable podrá poner a disposición del titular el aviso de privacidad en términos del artículo anterior, cuando obtenga los datos personales por medios impresos, siempre que el espacio utilizado para la obtención de los datos personales sea mínimo y limitado, de forma tal que los datos personales obtenidos también sean mínimos.

Aviso de privacidad para obtención indirecta de datos personales

Artículo 29

Cuando los datos personales sean obtenidos de manera indirecta del titular, el responsable deberá observar lo siguiente para la puesta a disposición del aviso de privacidad:

I. Cuando los datos personales sean tratados para una finalidad prevista en una transferencia consentida o se hayan obtenido de una fuente de acceso público, el aviso de privacidad se deberá dar a conocer en el primer contacto que se tenga con el titular, o

II. Cuando el responsable pretenda utilizar los datos para una finalidad distinta a la consentida, es decir, vaya a tener lugar un cambio de finalidad, el aviso de privacidad deberá darse a conocer previo el aprovechamiento de los mismos.

Tratamiento para fines mercadotécnicos, publicitarios o de prospección comercial

Artículo 30

Entre las finalidades del tratamiento a las que refiere la fracción II del artículo 16 de la Ley, en su caso, se deberán incluir las relativas al tratamiento para fines mercadotécnicos, publicitarios o de prospección comercial.

Lo anterior sin perjuicio de lo establecido por las disposiciones vigentes que regulen el tratamiento para los fines señalados en el párrafo anterior, cuando éstas contemplen una protección mayor para el titular que la dispuesta en la Ley y el presente Reglamento.

Prueba del aviso de privacidad

Artículo 31

Para efectos de demostrar la puesta a disposición del aviso de privacidad en cumplimiento del principio de información, la carga de la prueba recaerá, en todos los casos, en el responsable.

Medidas compensatorias

Artículo 32

En términos del tercer párrafo del artículo 18 de la Ley, cuando resulte imposible dar a conocer el aviso de privacidad al titular o exija esfuerzos desproporcionados, en consideración al número de titulares o a la antigüedad de los datos, el responsable podrá instrumentar medidas compensatorias de comunicación masiva de acuerdo con los criterios generales expedidos por el Instituto, mismos que serán publicados en el Diario Oficial de la Federación, bajo los cuales podrán utilizarse los medios que se establecen en el artículo 35 del presente Reglamento.

Los casos que no actualicen los criterios generales emitidos por el Instituto requerirán la autorización expresa de éste, previo a la instrumentación de la medida compensatoria, de conformidad con el procedimiento establecido en los artículos 33 y 34 del presente Reglamento.

Solicitud para autorización de medidas compensatorias

Artículo 33

El procedimiento para que el Instituto autorice el uso de medidas compensatorias de comunicación masiva, al que refiere el segundo párrafo del artículo anterior, iniciará siempre a petición del responsable.

El responsable presentará su solicitud directamente ante el Instituto o a través de cualquier otro medio que éste haya habilitado para tal efecto. La solicitud deberá contener la siguiente información:

I. Nombre, denominación o razón social del responsable que la promueva y, en su caso, de su representante, así como copia de la identificación oficial que acredite su personalidad y original para su cotejo. En el caso del representante, se deberá presentar copia del documento que acredite la representación del responsable y original para su cotejo;

II. Domicilio para oír y recibir notificaciones, y nombre de la persona autorizada para recibirlas;

III. Tratamiento al que pretende aplicar la medida compensatoria y sus características principales, tales como finalidad; tipo de datos personales tratados; si se efectúan transferencias; particularidades de los titulares, entre ellas edad, ubicación geográfica, nivel educativo y socioeconómico, entre otros;

IV. Causas o justificación de la imposibilidad de dar a conocer el aviso de privacidad a los titulares o el esfuerzo desproporcionado que esto exige. El responsable deberá informar sobre el número de titulares afectados, antigüedad de los datos, si existe o no contacto directo con los titulares, y su capacidad económica;

V. Tipo de medida compensatoria que pretende aplicar y por qué periodo la publicaría;

VI. Texto propuesto para la medida compensatoria, y

VII. Documentos que el responsable considere necesarios presentar ante el Instituto.

Procedimiento para la autorización de medidas compensatorias

Artículo 34

El Instituto tendrá un plazo de diez días siguientes a la recepción de la solicitud de medida compensatoria, para emitir la resolución correspondiente.

Si el Instituto no resuelve en el plazo establecido, la solicitud de medida compensatoria se entenderá como autorizada.

Una vez presentada la solicitud por el responsable ante el Instituto, éste valorará los esfuerzos desproporcionados para dar a conocer el aviso de privacidad, tomando en cuenta lo siguiente:

I. El número de titulares;

II. La antigüedad de los datos;

III. La capacidad económica del responsable;

IV. El ámbito territorial y sectorial de operación del responsable, y

V. La medida compensatoria a utilizar.

En caso de que el Instituto en su valoración considere que la medida compensatoria propuesta no cumple con el principio de información, podrá proponer al responsable la adopción de alguna medida compensatoria alterna a la propuesta por el responsable en su solicitud.

La propuesta del Instituto se hará del conocimiento del responsable, a fin de que éste exponga lo que a su derecho convenga en un plazo no mayor a cinco días, contados a partir del día siguiente en que haya recibido la notificación.

Si el responsable no responde en el plazo que señala el párrafo anterior, el Instituto resolverá con los elementos que consten en el expediente.

Cuando el Instituto determine que el responsable no justificó la imposibilidad de dar a conocer el aviso de privacidad al titular o que ello exige esfuerzos desproporcionados, no será autorizado el uso de medidas compensatorias.

La autorización que en su caso otorgue el Instituto estará vigente mientras no se modifiquen las circunstancias bajo las cuales se autorizó la medida compensatoria.

Modalidades de medidas compensatorias

Artículo 35

Las medidas compensatorias de comunicación masiva deberán contener la información prevista en el artículo 27 del presente Reglamento y se darán a conocer a través de avisos de privacidad que se publicarán en cualquiera de los medios siguientes:

I. Diarios de circulación nacional;

II. Diarios locales o revistas especializadas, cuando se demuestre que los titulares de los datos personales residan en una determinada entidad federativa o pertenezcan a una determinada actividad;

III. Página de Internet del responsable;

IV. Hiperenlaces o hipervínculos situados en una página de Internet del Instituto, habilitados para dicho fin, cuando el responsable no cuente con una página de Internet propia;

V. Carteles informativos;

VI. Difusión en cápsulas informativas en radiodifusoras, o

VII. Otros medios alternos de comunicación masiva.

Principio de calidad

Artículo 36

Se cumple con el principio de calidad cuando los datos personales tratados sean exactos, completos, pertinentes, correctos y actualizados según se requiera para el cumplimiento de la finalidad para la cual son tratados.

Se presume que se cumple con la calidad en los datos personales cuando éstos son proporcionados directamente por el titular, y hasta que éste no manifieste y acredite lo contrario, o bien, el responsable cuente con evidencia objetiva que los contradiga.

Cuando los datos personales no fueron obtenidos directamente del titular, el responsable deberá adoptar medidas razonables para que éstos respondan al principio de calidad, de acuerdo con el tipo de datos personales y las condiciones del tratamiento.

El responsable deberá adoptar los mecanismos que considere necesarios para procurar que los datos personales que trate sean exactos, completos, pertinentes, correctos y actualizados, a fin de que no se altere la veracidad de la información, ni que ello tenga como consecuencia que el titular se vea afectado por dicha situación.

Plazos de conservación de los datos personales

Artículo 37

Los plazos de conservación de los datos personales no deberán exceder aquéllos que sean necesarios para el cumplimiento de las finalidades que justificaron el tratamiento, y deberán atender las disposiciones aplicables a la materia de que se trate, y tomar en cuenta los aspectos administrativos, contables, fiscales, jurídicos e históricos de la información. Una vez cumplida la o las finalidades del tratamiento, y cuando no exista disposición legal o reglamentaria que establezca lo contrario, el responsable deberá proceder a la cancelación de los datos en su posesión previo bloqueo de los mismos, para su posterior supresión.

Procedimientos para conservación, bloqueo y supresión de los datos personales

Artículo 38

El responsable establecerá y documentará procedimientos para la conservación y, en su caso, bloqueo y supresión de los datos personales, que incluyan los periodos de conservación de los mismos, de conformidad con el artículo anterior.

Prueba del cumplimiento de los plazos de conservación

Artículo 39

Al responsable le corresponde demostrar que los datos personales se conservan o, en su caso, bloquean, suprimen o cancelan cumpliendo los plazos previstos en el artículo 37 del presente Reglamento, o bien, en atención a una solicitud de derecho de cancelación.

Principio de finalidad

Artículo 40

Los datos personales sólo podrán ser tratados para el cumplimiento de la finalidad o finalidades establecidas en el aviso de privacidad, en términos del artículo 12 de la Ley.

Para efectos del párrafo anterior, la finalidad o las finalidades establecidas en el aviso de privacidad deberán ser determinadas, lo cual se logra cuando con claridad, sin lugar a confusión y de manera objetiva se especifica para qué objeto serán tratados los datos personales.

Diferenciación de finalidades

Artículo 41

El responsable identificará y distinguirá en el aviso de privacidad entre las finalidades que dieron origen y son necesarias para la relación jurídica entre el responsable y el titular, de aquéllas que no lo son.

Oposición del tratamiento para finalidades distintas

Artículo 42

El titular podrá negar o revocar su consentimiento, así como oponerse para el tratamiento de sus datos personales para las finalidades que sean distintas a aquéllas que son necesarias y den origen a la relación jurídica entre el responsable y el titular, sin que ello tenga como consecuencia la conclusión del tratamiento para estas últimas finalidades.

Tratamiento para finalidades distintas

Artículo 43

El responsable no podrá llevar a cabo tratamientos para finalidades distintas que no resulten compatibles o análogas con aquéllas para las que hubiese recabado de origen los datos personales y que hayan sido previstas en el aviso de privacidad, a menos que:

I. Lo permita de forma explícita una ley o reglamento, o

II. El responsable haya obtenido el consentimiento para el nuevo tratamiento.

Principio de lealtad

Artículo 44

El principio de lealtad establece la obligación de tratar los datos personales privilegiando la protección de los intereses del titular y la expectativa razonable de privacidad, en los términos establecidos en el artículo 7 de la Ley.

No se podrán utilizar medios engañosos o fraudulentos para recabar y tratar datos personales. Existe una actuación fraudulenta o engañosa cuando:

I. Exista dolo, mala fe o negligencia en la información proporcionada al titular sobre el tratamiento;

II. Se vulnere la expectativa razonable de privacidad del titular a la que refiere el artículo 7 de la Ley, o

III. Las finalidades no son las informadas en el aviso de privacidad.

Principio de proporcionalidad

Artículo 45

Sólo podrán ser objeto de tratamiento los datos personales que resulten necesarios, adecuados y relevantes en relación con las finalidades para las que se hayan obtenido.

Criterio de minimización

Artículo 46

El responsable deberá realizar esfuerzos razonables para que los datos personales tratados sean los mínimos necesarios de acuerdo con la finalidad del tratamiento que tenga lugar.

Principio de responsabilidad

Artículo 47

En términos de los artículos 6 y 14 de la Ley, el responsable tiene la obligación de velar y responder por el tratamiento de los datos personales que se encuentren bajo su custodia o posesión, o por aquéllos que haya comunicado a un encargado, ya sea que este último se encuentre o no en territorio mexicano.

Para cumplir con esta obligación, el responsable podrá valerse de estándares, mejores prácticas internacionales, políticas corporativas, esquemas de autorregulación o cualquier otro mecanismo que determine adecuado para tales fines.

Medidas para el principio de responsabilidad

Artículo 48

En términos del artículo 14 de la Ley, el responsable deberá adoptar medidas para garantizar el debido tratamiento, privilegiando los intereses del titular y la expectativa razonable de privacidad.

Entre las medidas que podrá adoptar el responsable se encuentran por lo menos las siguientes:

I. Elaborar políticas y programas de privacidad obligatorios y exigibles al interior de la organización del responsable;

II. Poner en práctica un programa de capacitación, actualización y concientización del personal sobre las obligaciones en materia de protección de datos personales;

III. Establecer un sistema de supervisión y vigilancia interna, verificaciones o auditorías externas para comprobar el cumplimiento de las políticas de privacidad;

IV. Destinar recursos para la instrumentación de los programas y políticas de privacidad;

V. Instrumentar un procedimiento para que se atienda el riesgo para la protección de datos personales por la implementación de nuevos productos, servicios, tecnologías y modelos de negocios, así como para mitigarlos;

VI. Revisar periódicamente las políticas y programas de seguridad para determinar las modificaciones que se requieran;

VII. Establecer procedimientos para recibir y responder dudas y quejas de los titulares de los datos personales;

VIII. Disponer de mecanismos para el cumplimiento de las políticas y programas de privacidad, así como de sanciones por su incumplimiento;

IX. Establecer medidas para el aseguramiento de los datos personales, es decir, un conjunto de acciones técnicas y administrativas que permitan garantizar al responsable el cumplimiento de los principios y obligaciones que establece la Ley y el presente Reglamento, o

X. Establecer medidas para la trazabilidad de los datos personales, es decir, acciones, medidas y procedimientos técnicos que permiten rastrear a los datos personales durante su tratamiento.

Figura del encargado

Artículo 49

El encargado es la persona física o moral, pública o privada, ajena a la organización del responsable, que sola o conjuntamente con otras, trata datos personales por cuenta del responsable, como consecuencia de la existencia de una relación jurídica que le vincula con el mismo y delimita el ámbito de su actuación para la prestación de un servicio.

Obligaciones del encargado

Artículo 50

El encargado tendrá las siguientes obligaciones respecto del tratamiento que realice por cuenta del responsable:

I. Tratar únicamente los datos personales conforme a las instrucciones del responsable;

II. Abstenerse de tratar los datos personales para finalidades distintas a las instruidas por el responsable;

III. Implementar las medidas de seguridad conforme a la Ley, el Reglamento y las demás disposiciones aplicables;

IV. Guardar confidencialidad respecto de los datos personales tratados;

V. Suprimir los datos personales objeto de tratamiento una vez cumplida la relación jurídica con el responsable o por instrucciones del responsable, siempre y cuando no exista una previsión legal que exija la conservación de los datos personales, y

VI. Abstenerse de transferir los datos personales salvo en el caso de que el responsable así lo determine, la comunicación derive de una subcontratación, o cuando así lo requiera la autoridad competente.

Los acuerdos entre el responsable y el encargado relacionados con el tratamiento deberán estar acordes con el aviso de privacidad correspondiente.

Relación entre el responsable y el encargado

Artículo 51

La relación entre el responsable y el encargado deberá estar establecida mediante cláusulas contractuales u otro instrumento jurídico que decida el responsable, que permita acreditar su existencia, alcance y contenido.

Tratamiento de datos personales en el denominado cómputo en la nube

Artículo 52

Para el tratamiento de datos personales en servicios, aplicaciones e infraestructura en el denominado cómputo en la nube, en los que el responsable se adhiera a los mismos mediante condiciones o cláusulas generales de contratación, sólo podrá utilizar aquellos servicios en los que el proveedor:

I. Cumpla, al menos, con lo siguiente:

a) Tener y aplicar políticas de protección de datos personales afines a los principios y deberes aplicables que establece la Ley y el presente Reglamento;

b) Transparentar las subcontrataciones que involucren la información sobre la que se presta el servicio;

c) Abstenerse de incluir condiciones en la prestación del servicio que le autoricen o permitan asumir la titularidad o propiedad de la información sobre la que presta el servicio, y

d) Guardar confidencialidad respecto de los datos personales sobre los que se preste el servicio, y

II. Cuente con mecanismos, al menos, para:

a) Dar a conocer cambios en sus políticas de privacidad o condiciones del servicio que presta;

b) Permitir al responsable limitar el tipo de tratamiento de los datos personales sobre los que se presta el servicio;

c) Establecer y mantener medidas de seguridad adecuadas para la protección de los datos personales sobre los que se preste el servicio;

d) Garantizar la supresión de los datos personales una vez que haya concluido el servicio prestado al responsable, y que este último haya podido recuperarlos, y

e) Impedir el acceso a los datos personales a personas que no cuenten con privilegios de acceso, o bien en caso de que sea a solicitud fundada y motivada de autoridad competente, informar de ese hecho al responsable.

En cualquier caso, el responsable no podrá adherirse a servicios que no garanticen la debida protección de los datos personales.

Para fines del presente Reglamento, por cómputo en la nube se entenderá al modelo de provisión externa de servicios de cómputo bajo demanda, que implica el suministro de infraestructura, plataforma o software, que se distribuyen de modo flexible, mediante procedimientos de virtualización, en recursos compartidos dinámicamente.

Las dependencias reguladoras, en el ámbito de sus competencias, en coadyuvancia con el Instituto, emitirán criterios para el debido tratamiento de datos personales en el denominado cómputo en la nube.

Remisiones de datos personales

Artículo 53

Las remisiones nacionales e internacionales de datos personales entre un responsable y un encargado no requerirán ser informadas al titular ni contar con su consentimiento.

El encargado, será considerado responsable con las obligaciones propias de éste, cuando:

I. Destine o utilice los datos personales con una finalidad distinta a la autorizada por el responsable, o

II. Efectúe una transferencia, incumpliendo las instrucciones del responsable.

El encargado no incurrirá en responsabilidad cuando, previa indicación expresa del responsable, remita los datos personales a otro encargado designado por este último, al que hubiera encomendado la prestación de un servicio, o transfiera los datos personales a otro responsable conforme a lo previsto en el presente Reglamento.

Subcontratación de servicios

Artículo 54

Toda subcontratación de servicios por parte del encargado que implique el tratamiento de datos personales deberá ser autorizada por el responsable, y se realizará en nombre y por cuenta de este último.

Una vez obtenida la autorización, el encargado deberá formalizar la relación con el subcontratado a través de cláusulas contractuales u otro instrumento jurídico que permita acreditar su existencia, alcance y contenido.

La persona física o moral subcontratada asumirá las mismas obligaciones que se establezcan para el encargado en la Ley, el presente Reglamento y demás disposiciones aplicables.

La obligación de acreditar que la subcontratación se realizó con autorización del responsable corresponderá al encargado.

Autorización de la subcontratación

Artículo 55

Cuando las cláusulas contractuales o los instrumentos jurídicos mediante los cuales se haya formalizado la relación entre el responsable y el encargado, prevean que este último pueda llevar a cabo a su vez las subcontrataciones de servicios, la autorización a la que refiere el artículo anterior se entenderá como otorgada a través de lo estipulado en éstos.

En caso de que la subcontratación no haya sido prevista en las cláusulas contractuales o en los instrumentos jurídicos a los que refiere el párrafo anterior, el encargado deberá obtener la autorización correspondiente del responsable previo a la subcontratación.

En ambos casos, se deberá observar lo previsto en el artículo anterior.

SECCIÓN II
DE LOS DATOS PERSONALES SENSIBLES

Supuestos para la creación de bases de datos personales sensibles

Artículo 56

En términos de lo previsto en el artículo 9, segundo párrafo de la Ley, sólo podrán crearse bases de datos que contengan datos personales sensibles cuando:

I. Obedezca a un mandato legal;

II. Se justifique en términos del artículo 4 de la Ley, o

III. El responsable lo requiera para finalidades legítimas, concretas y acordes con las actividades o fines explícitos que persiga.

CAPÍTULO III
DE LAS MEDIDAS DE SEGURIDAD EN EL TRATAMIENTO DE DATOS PERSONALES

Alcance

Artículo 57

El responsable y, en su caso, el encargado deberán establecer y mantener las medidas de seguridad administrativas, físicas y, en su caso, técnicas para la protección de los datos personales, con arreglo a lo dispuesto en la Ley y el presente Capítulo, con independencia del sistema de tratamiento. Se entenderá por medidas de seguridad para los efectos del presente Capítulo, el control o grupo de controles de seguridad para proteger los datos personales.

Lo anterior sin perjuicio de lo establecido por las disposiciones vigentes en materia de seguridad emitidas por las autoridades competentes al sector que corresponda, cuando éstas contemplen una protección mayor para el titular que la dispuesta en la Ley y el presente Reglamento.

Atenuación de sanciones

Artículo 58

En términos de lo dispuesto en el artículo 65, fracción III de la Ley, en los casos en que ocurra una vulneración a la seguridad de los datos personales, el Instituto podrá tomar en consideración el cumplimiento de sus recomendaciones para determinar la atenuación de la sanción que corresponda.

Funciones de seguridad

Artículo 59

Para establecer y mantener de manera efectiva las medidas de seguridad, el responsable podrá desarrollar las funciones de seguridad por sí mismo, o bien, contratar a una persona física o moral para tal fin.

Factores para determinar las medidas de seguridad

Artículo 60

El responsable determinará las medidas de seguridad aplicables a los datos personales que trate, considerando los siguientes factores:

I. El riesgo inherente por tipo de dato personal;

II. La sensibilidad de los datos personales tratados;

III. El desarrollo tecnológico, y

IV. Las posibles consecuencias de una vulneración para los titulares.

De manera adicional, el responsable procurará tomar en cuenta los siguientes elementos:

I. El número de titulares;

II. Las vulnerabilidades previas ocurridas en los sistemas de tratamiento;

III. El riesgo por el valor potencial cuantitativo o cualitativo que pudieran tener los datos personales tratados para una tercera persona no autorizada para su posesión, y

IV. Demás factores que puedan incidir en el nivel de riesgo o que resulten de otras leyes o regulación aplicable al responsable.

Acciones para la seguridad de los datos personales

Artículo 61

A fin de establecer y mantener la seguridad de los datos personales, el responsable deberá considerar las siguientes acciones:

I. Elaborar un inventario de datos personales y de los sistemas de tratamiento;

II. Determinar las funciones y obligaciones de las personas que traten datos personales;

III. Contar con un análisis de riesgos de datos personales que consiste en identificar peligros y estimar los riesgos a los datos personales;

IV. Establecer las medidas de seguridad aplicables a los datos personales e identificar aquéllas implementadas de manera efectiva;

V. Realizar el análisis de brecha que consiste en la diferencia de las medidas de seguridad existentes y aquéllas faltantes que resultan necesarias para la protección de los datos personales;

VI. Elaborar un plan de trabajo para la implementación de las medidas de seguridad faltantes, derivadas del análisis de brecha;

VII. Llevar a cabo revisiones o auditorías;

VIII. Capacitar al personal que efectúe el tratamiento, y

IX. Realizar un registro de los medios de almacenamiento de los datos personales.

El responsable deberá contar con una relación de las medidas de seguridad derivadas de las fracciones anteriores.

Actualizaciones de las medidas de seguridad

Artículo 62

Los responsables deberán actualizar la relación de las medidas de seguridad, cuando ocurran los siguientes eventos:

I. Se modifiquen las medidas o procesos de seguridad para su mejora continua, derivado de las revisiones a la política de seguridad del responsable;

II. Se produzcan modificaciones sustanciales en el tratamiento que deriven en un cambio del nivel de riesgo;

III. Se vulneren los sistemas de tratamiento, de conformidad con lo dispuesto en el artículo 20 de la Ley y 63 del presente Reglamento, o

IV. Exista una afectación a los datos personales distinta a las anteriores.

En el caso de datos personales sensibles, los responsables procurarán revisar y, en su caso, actualizar las relaciones correspondientes una vez al año.

Vulneraciones de seguridad

Artículo 63

Las vulneraciones de seguridad de datos personales ocurridas en cualquier fase del tratamiento son:

I. La pérdida o destrucción no autorizada;

II. El robo, extravío o copia no autorizada;

III. El uso, acceso o tratamiento no autorizado, o

IV. El daño, la alteración o modificación no autorizada.

Notificación de vulneraciones de seguridad

Artículo 64

El responsable deberá informar al titular las vulneraciones que afecten de forma significativa sus derechos patrimoniales o morales, en cuanto confirme que ocurrió la vulneración y haya tomado las acciones encaminadas a detonar un proceso de revisión exhaustiva de la magnitud de la afectación, y sin dilación alguna, a fin de que los titulares afectados puedan tomar las medidas correspondientes.

Información mínima al titular en caso de vulneraciones de seguridad

Artículo 65

El responsable deberá informar al titular al menos lo siguiente:

I. La naturaleza del incidente;

II. Los datos personales comprometidos;

III. Las recomendaciones al titular acerca de las medidas que éste pueda adoptar para proteger sus intereses;

IV. Las acciones correctivas realizadas de forma inmediata, y

V. Los medios donde puede obtener más información al respecto.

Medidas correctivas en caso de vulneraciones de seguridad

Artículo 66

En caso de que ocurra una vulneración a los datos personales, el responsable deberá analizar las causas por las cuales se presentó e implementar las acciones correctivas, preventivas y de mejora para adecuar las medidas de seguridad correspondientes, a efecto de evitar que la vulneración se repita.

CAPÍTULO IV
DE LAS TRANSFERENCIAS DE DATOS PERSONALES

SECCIÓN I
DISPOSICIONES GENERALES

Alcance

Artículo 67

La transferencia implica la comunicación de datos personales dentro o fuera del territorio nacional, realizada a persona distinta del titular, del responsable o del encargado.

Condiciones para la transferencia

Artículo 68

Toda transferencia de datos personales, sea ésta nacional o internacional, se encuentra sujeta al consentimiento de su titular, salvo las excepciones previstas en el artículo 37 de la Ley; deberá ser informada a este último mediante el aviso de privacidad y limitarse a la finalidad que la justifique.

Prueba del cumplimiento de las obligaciones en materia de transferencias

Artículo 69

Para efectos de demostrar que la transferencia, sea ésta nacional o internacional, se realizó conforme a lo que establece la Ley y el presente Reglamento la carga de la prueba recaerá, en todos los casos, en el responsable que transfiere y en el receptor de los datos personales.

Transferencias dentro del mismo grupo del responsable

Artículo 70

En el caso de transferencias de datos personales entre sociedades controladoras, subsidiarias o afiliadas bajo el control común del mismo grupo del responsable, o a una sociedad matriz o a cualquier sociedad del mismo grupo del responsable, el mecanismo para garantizar que el receptor de los datos personales cumplirá con las disposiciones previstas en la Ley, el presente Reglamento y demás normativa aplicable, podrá ser la existencia de normas internas de protección de datos personales cuya observancia sea vinculante, siempre y cuando éstas cumplan con lo establecido en la Ley, el presente Reglamento y demás normativa aplicable.

SECCIÓN II
TRANSFERENCIAS NACIONALES

Condiciones específicas para las transferencias nacionales

Artículo 71

Para realizar una transferencia de datos personales dentro del territorio nacional será necesario que el responsable cumpla con lo previsto en los artículos 36 de la Ley y 68 del presente Reglamento.

Receptor de los datos personales

Artículo 72

El receptor de los datos personales será un sujeto regulado por la Ley y el presente Reglamento en su carácter de responsable, y deberá tratar los datos personales conforme a lo convenido en el aviso de privacidad que le comunique el responsable transferente.

Formalización de las transferencias nacionales

Artículo 73

La transferencia deberá formalizarse mediante algún mecanismo que permita demostrar que el responsable transferente comunicó al responsable receptor las condiciones en las que el titular consintió el tratamiento de sus datos personales.

SECCIÓN III
TRANSFERENCIAS INTERNACIONALES

Condiciones específicas para las transferencias internacionales

Artículo 74

Sin perjuicio de lo dispuesto en el artículo 37 de la Ley, las transferencias internacionales de datos personales serán posibles cuando el receptor de los datos personales asuma las mismas obligaciones que corresponden al responsable que transfirió los datos personales.

Formalización de las transferencias internacionales

Artículo 75

A tal efecto, el responsable que transfiera los datos personales podrá valerse de cláusulas contractuales u otros instrumentos jurídicos en los que se prevean al menos las mismas obligaciones a las que se encuentra sujeto el responsable que transfiere los datos personales, así como las condiciones en las que el titular consintió el tratamiento de sus datos personales.

Opinión del Instituto respecto de las transferencias

Artículo 76

Los responsables, en caso de considerarlo necesario, podrán solicitar la opinión del Instituto respecto a si las transferencias internacionales que realicen cumplen con lo dispuesto por la Ley y el presente Reglamento.

CAPÍTULO V
DE LA COORDINACIÓN ENTRE AUTORIDADES

Emisión de regulación secundaria

Artículo 77

Cuando la dependencia competente, atendiendo a las necesidades que advierta sobre el sector que regule, determine la necesidad de normar el tratamiento de datos personales en posesión de los particulares podrá, en el ámbito de sus competencias, emitir o modificar regulación específica, en coadyuvancia con el Instituto.

Asimismo, cuando el Instituto derivado del ejercicio de sus atribuciones advierta la necesidad de emitir o modificar regulación específica para normar el tratamiento de datos personales en un sector o actividad determinada, podrá proponer a la dependencia competente la elaboración de un anteproyecto.

Mecanismos de coordinación

Artículo 78

Para la elaboración, emisión y publicación de la regulación a que se refiere el artículo 40 de la Ley, la dependencia y el Instituto establecerán los mecanismos de coordinación correspondientes.

En todos los casos, la dependencia y el Instituto, en el ámbito de sus atribuciones, determinarán las disposiciones que normen el tratamiento de datos personales en el sector o actividad que corresponda.

CAPÍTULO VI
DE LA AUTORREGULACIÓN VINCULANTE

Objeto de la autorregulación

Artículo 79

De conformidad con lo establecido en el artículo 44 de la Ley, las personas físicas o morales podrán convenir entre ellas o con organizaciones civiles o gubernamentales, nacionales o extranjeras, esquemas de autorregulación vinculante en materia de protección de datos personales, que complementen lo dispuesto por la Ley, el presente Reglamento y las disposiciones que se emitan por las dependencias en desarrollo del mismo y en el ámbito de sus atribuciones. Asimismo, a través de dichos esquemas el responsable podrá demostrar ante el Instituto el cumplimiento de las obligaciones previstas en dicha normativa.

Lo anterior con el objeto de armonizar los tratamientos que lleven a cabo quienes se adhieren a los mismos y facilitar el ejercicio de los derechos de los titulares.

Objetivos específicos de la autorregulación

Artículo 80

Los esquemas de autorregulación podrán traducirse en códigos deontológicos o de buenas prácticas profesionales, sellos de confianza, políticas de privacidad, reglas de privacidad corporativas u otros mecanismos, que incluirán reglas o estándares específicos y tendrán los siguientes objetivos primordiales:

I. Coadyuvar al cumplimiento del principio de responsabilidad al que refiere la Ley y el presente Reglamento;

II. Establecer procesos y prácticas cualitativos en el ámbito de la protección de datos personales que complementen lo dispuesto en la Ley;

III. Fomentar que los responsables establezcan políticas, procesos y buenas prácticas para el cumplimiento de los principios de protección de datos personales, garantizando la privacidad y confidencialidad de la información personal que esté en su posesión;

IV. Promover que los responsables de manera voluntaria cuenten con constancias o certificaciones sobre el cumplimiento de lo establecido en la Ley, y mostrar a los titulares su compromiso con la protección de datos personales;

V. Identificar a los responsables que cuenten con políticas de privacidad alineadas al cumplimiento de los principios y derechos previstos en la Ley, así como de competencia laboral para el debido cumplimiento de sus obligaciones en la materia;

VI. Facilitar la coordinación entre los distintos esquemas de autorregulación reconocidos internacionalmente;

VII. Facilitar las transferencias con responsables que cuenten con esquemas de autorregulación como puerto seguro;

VIII. Promover el compromiso de los responsables con la rendición de cuentas y adopción de políticas internas consistentes con criterios externos, así como para auspiciar mecanismos para implementar políticas de privacidad, incluyendo herramientas, transparencia, supervisión interna continua, evaluaciones de riesgo, verificaciones externas y sistemas de remediación, y

IX. Encauzar mecanismos de solución alternativa de controversias entre responsables, titulares y terceras personas, como son los de conciliación y mediación.

Estos esquemas serán vinculantes para quienes se adhieran a los mismos; no obstante, la adhesión será de carácter voluntario.

Incentivos para la autorregulación

Artículo 81

Cuando un responsable adopte y cumpla un esquema de autorregulación, dicha circunstancia será tomada en consideración para determinar la atenuación de la sanción que corresponda, en caso de verificarse algún incumplimiento a lo dispuesto por la Ley y el presente Reglamento, por parte del Instituto. Asimismo, el Instituto podrá determinar otros incentivos para la adopción de esquemas de autorregulación, así como mecanismos que faciliten procesos administrativos ante el mismo.

Contenido mínimo de los esquemas de autorregulación

Artículo 82

Los esquemas de autorregulación deberán considerar los parámetros que emita la Secretaría, en coadyuvancia con el Instituto, para el correcto desarrollo de este tipo de mecanismos y medidas de autorregulación, considerando al menos lo siguiente:

I. El tipo de esquema convenido, que podrá constituirse en códigos deontológicos, código de buena práctica profesional, sellos de confianza, u otros que posibilite a los titulares identificar a los responsables comprometidos con la protección de sus datos personales;

II. Ámbito de aplicación de los esquemas de autorregulación;

III. Los procedimientos o mecanismos que se emplearán para hacer eficaz la protección de datos personales por parte de los adheridos, así como para medir la eficacia;

IV. Sistemas de supervisión y vigilancia internos y externos;

V. Programas de capacitación para quienes traten los datos personales;

VI. Los mecanismos para facilitar los derechos de los titulares de los datos personales;

VII. La identificación de las personas físicas o morales adheridas, que posibilite reconocer a los responsables que satisfacen los requisitos exigidos por determinado esquema de autorregulación y que se encuentran comprometidos con la protección de los datos personales que poseen, y

VIII. Las medidas correctivas eficaces en caso de incumplimiento.

Certificación en protección de datos personales

Artículo 83

Los esquemas de autorregulación vinculante podrán incluir la certificación de los responsables en materia de protección de datos personales.

En caso de que el responsable decida someterse a un procedimiento de certificación, ésta deberá ser otorgada por una persona física o moral certificadora ajena al responsable, de conformidad con los criterios que para tal fin establezcan los parámetros a los que refiere el artículo 43, fracción V de la Ley.

Personas físicas o morales acreditadas

Artículo 84

Las personas físicas o morales acreditadas como certificadores tendrán la función principal de certificar que las políticas, programas y procedimientos de privacidad instrumentados por los responsables que de manera voluntaria se sometan a su actuación, aseguren el debido tratamiento y que las medidas de seguridad adoptadas son las adecuadas para su protección. Para ello, los certificadores podrán valerse de mecanismos como verificaciones y auditorías.

El procedimiento de acreditación de los certificadores a los que refiere el párrafo anterior, se llevará a cabo de acuerdo con los parámetros que prevé el artículo 43, fracción V de Ley. Estos certificadores deberán garantizar la independencia e imparcialidad para el otorgamiento de certificados, así como el cumplimiento de los requisitos y criterios que se establezcan en los parámetros en mención.

Parámetros de autorregulación

Artículo 85

Los parámetros de autorregulación a los que se refiere el artículo 43, fracción V de la Ley contendrán los mecanismos para acreditar y revocar a las personas físicas o morales certificadoras, así como sus funciones; los criterios generales para otorgar los certificados en materia de protección de datos personales, y el procedimiento de notificación de los esquemas de autorregulación vinculante.

Registro de esquemas de autorregulación

Artículo 86

Los esquemas de autorregulación notificados en términos del último párrafo del artículo 44 de la Ley formarán parte de un registro, que será administrado por el Instituto y en el que se incluirán aquéllos que cumplan con los requisitos que establezcan los parámetros previstos en el artículo 43, fracción V de la Ley.

CAPÍTULO VII
DE LOS DERECHOS DE LOS TITULARES DE DATOS PERSONALES Y SU EJERCICIO

SECCIÓN I
DISPOSICIONES GENERALES

Ejercicio de los derechos

Artículo 87

El ejercicio de cualquiera de los derechos ARCO no excluye la posibilidad de ejercer alguno de los otros, ni puede constituir requisito previo para el ejercicio de cualquiera de estos derechos.

Restricciones al ejercicio de los derechos

Artículo 88

El ejercicio de los derechos ARCO podrá restringirse por razones de seguridad nacional, disposiciones de orden público, seguridad y salud públicas o para proteger los derechos de terceras personas, en los casos y con los alcances previstos en las leyes aplicables en la materia, o bien mediante resolución de la autoridad competente debidamente fundada y motivada.

Personas facultadas para el ejercicio de los derechos

Artículo 89

Los derechos ARCO se ejercerán:

I. Por el titular, previa acreditación de su identidad, a través de la presentación de copia de su documento de identificación y habiendo exhibido el original para su cotejo. También podrán ser admisibles los instrumentos electrónicos por medio de los cuales sea posible identificar fehacientemente al titular, u otros mecanismos de autenticación permitidos por otras disposiciones legales o reglamentarias, o aquéllos previamente establecidos por el responsable. La utilización de firma electrónica avanzada o del instrumento electrónico que lo sustituya eximirá de la presentación de la copia del documento de identificación, y

II. Por el representante del titular, previa acreditación de:

a) La identidad del titular;

b) La identidad del representante, y

c) La existencia de la representación, mediante instrumento público o carta poder firmada ante dos testigos, o declaración en comparecencia personal del titular.

Para el ejercicio de los derechos ARCO de datos personales de menores de edad o de personas que se encuentren en estado de interdicción o incapacidad establecida por ley, se estará a las reglas de representación dispuestas en el Código Civil Federal.

Medios para el ejercicio de los derechos

Artículo 90

El titular, para el ejercicio de los derechos ARCO, podrá presentar, por sí mismo o a través de su representante, la solicitud ante el responsable conforme a los medios establecidos en el aviso de privacidad. Para tal fin, el responsable pondrá a disposición del titular, medios remotos o locales de comunicación electrónica u otros que considere pertinentes.

Asimismo, el responsable podrá establecer formularios, sistemas y otros métodos simplificados para facilitar a los titulares el ejercicio de los derechos ARCO, lo cual deberá informarse en el aviso de privacidad.

Servicios de atención al público

Artículo 91

Cuando el responsable disponga de servicios de cualquier índole para la atención a su público o el ejercicio de reclamaciones relacionadas con el servicio prestado o los productos ofertados, podrá atender las solicitudes para el ejercicio de los derechos ARCO a través de dichos servicios, siempre y cuando los plazos no contravengan los establecidos en el artículo 32 de la Ley. En tal caso, la identidad del titular se considerará acreditada por los medios establecidos por el responsable para la identificación de los titulares en la prestación de sus servicios o contratación de sus productos, siempre que a través de dichos medios se garantice la identidad del titular.

Procedimientos específicos para el ejercicio de los derechos ARCO

Artículo 92

Cuando las disposiciones aplicables a determinadas bases de datos o tratamientos establezcan un procedimiento específico para solicitar el ejercicio de los derechos ARCO, se estará a lo dispuesto en aquéllas que ofrezcan mayores garantías al titular, y no contravengan las disposiciones previstas en la Ley.

Costos

Artículo 93

El ejercicio de los derechos ARCO será sencillo y gratuito, debiendo cubrir el titular únicamente los gastos de envío, reproducción y, en su caso, certificación de documentos, salvo la excepción prevista en el segundo párrafo del artículo 35 de la Ley.

Los costos de reproducción no podrán ser mayores a los costos de recuperación del material correspondiente.

El responsable no podrá establecer como única vía para la presentación de las solicitudes del ejercicio de los derechos ARCO algún servicio o medio con costo.

Domicilio del titular

Artículo 94

En la solicitud de acceso, para los efectos del artículo 29, fracción I de la Ley, se deberá indicar el domicilio o cualquier otro medio para que sea notificada la respuesta. En caso de no cumplir con este requisito, el responsable tendrá por no presentada la solicitud, dejando constancia de ello.

Registro de solicitudes

Artículo 95

El responsable deberá dar trámite a toda solicitud para el ejercicio de los derechos ARCO. El plazo para que se atienda la solicitud empezará a computarse a partir del día en que la misma haya sido recibida por el responsable, en cuyo caso éste anotará en el acuse de recibo que entregue al titular la correspondiente fecha de recepción.

El plazo señalado se interrumpirá en caso de que el responsable requiera información al titular, en términos de lo dispuesto por el artículo siguiente.

Requerimiento de información adicional

Artículo 96

En el caso de que la información proporcionada en la solicitud sea insuficiente o errónea para atenderla, o bien, no se acompañen los documentos a que hacen referencia los artículos 29, fracción II y 31 de la Ley, el responsable podrá requerir al titular, por una vez y dentro de los cinco días siguientes a la recepción de la solicitud, que aporte los elementos o documentos necesarios para dar trámite a la misma. El titular contará con diez días para atender el requerimiento, contados a partir del día siguiente en que lo haya recibido. De no dar respuesta en dicho plazo, se tendrá por no presentada la solicitud correspondiente.

En caso de que el titular atienda el requerimiento de información, el plazo para que el responsable dé respuesta a la solicitud empezará a correr al día siguiente de que el titular haya atendido el requerimiento.

En caso de que el responsable no requiera al titular documentación adicional para la acreditación de su identidad o de la personalidad de su representante, se entenderá por acreditada la misma con la documentación aportada por el titular desde la presentación de su solicitud.

Ampliación de los plazos

Artículo 97

En términos del artículo 32, segundo párrafo de la Ley, en caso de que el responsable determine ampliar el plazo de respuesta a una solicitud para el ejercicio de los derechos ARCO o aquél para hacer efectiva la respuesta, éste deberá notificar al solicitante las causas que justificaron dicha ampliación, en cualquiera de los siguientes plazos:

I. En caso de ampliar los veinte días para comunicar la determinación adoptada sobre la procedencia de la solicitud, la justificación de la ampliación deberá notificarse dentro del mismo plazo contado a partir del día en que se recibió la solicitud, o

II. En caso de ampliar los quince días para hacer efectivo el ejercicio del derecho que corresponda, la justificación de la ampliación deberá notificarse dentro del mismo plazo contado a partir del día en que se notificó la procedencia de la solicitud.

Respuesta por parte del responsable

Artículo 98

En todos los casos, el responsable deberá dar respuesta a las solicitudes de derechos ARCO que reciba, con independencia de que figuren o no datos personales del titular en sus bases de datos, de conformidad con los plazos establecidos en el artículo 32 de la Ley.

La respuesta al titular deberá referirse exclusivamente a los datos personales que específicamente se hayan indicado en la solicitud correspondiente, y deberá presentarse en un formato legible y comprensible y de fácil acceso. En caso de uso de códigos, siglas o claves se deberán proporcionar los significados correspondientes.

Acceso a los datos personales en sitio

Artículo 99

Cuando el acceso a los datos personales sea en sitio, el responsable deberá determinar el periodo durante el cual el titular podrá presentarse a consultarlos, mismo que no podrá ser menor a quince días. Transcurrido ese plazo, sin que el titular haya acudido a tener acceso a sus datos personales, será necesaria la presentación de una nueva solicitud.

Negativa por parte del responsable

Artículo 100

El responsable que niegue el ejercicio de cualquiera de los derechos ARCO deberá justificar su respuesta, así como informar al titular el derecho que le asiste para solicitar el inicio del procedimiento de protección de derechos ante el Instituto.

SECCIÓN II
DEL DERECHO DE ACCESO Y SU EJERCICIO

Derecho de acceso

Artículo 101

El titular, en términos de lo dispuesto por el artículo 23 de la Ley, tiene derecho a obtener del responsable sus datos personales, así como información relativa a las condiciones y generalidades del tratamiento.

Medios para el cumplimiento del derecho de Acceso

Artículo 102

La obligación de acceso se dará por cumplida cuando el responsable ponga a disposición del titular los datos personales en sitio, respetando el periodo señalado en el artículo 99 del presente Reglamento, o bien, mediante la expedición de copias simples, medios magnéticos, ópticos, sonoros, visuales u holográficos, o utilizando otras tecnologías de la información que se hayan previsto en el aviso de privacidad. En todos los casos, el acceso deberá ser en formatos legibles o comprensibles para el titular.

Cuando el responsable así lo considere conveniente, podrá acordar con el titular medios de reproducción de la información distintos a los informados en el aviso de privacidad.

SECCIÓN III
DEL DERECHO DE RECTIFICACIÓN Y SU EJERCICIO

Derecho de rectificación

Artículo 103

De conformidad con lo dispuesto por el artículo 24 de la Ley, el titular podrá solicitar en todo momento al responsable que rectifique sus datos personales que resulten ser inexactos o incompletos.

Requisitos para el ejercicio del derecho de rectificación

Artículo 104

La solicitud de rectificación deberá indicar a qué datos personales se refiere, así como la corrección que haya de realizarse y deberá ir acompañada de la documentación que ampare la procedencia de lo solicitado. El responsable podrá ofrecer mecanismos que faciliten el ejercicio de este derecho en beneficio del titular.

SECCIÓN IV
DEL DERECHO DE CANCELACIÓN Y SU EJERCICIO

Derecho de cancelación

Artículo 105

En términos del artículo 25 de la Ley, la cancelación implica el cese en el tratamiento por parte del responsable, a partir de un bloqueo de los mismos y su posterior supresión.

Ejercicio del derecho de cancelación

Artículo 106

El titular podrá solicitar en todo momento al responsable la cancelación de los datos personales cuando considere que los mismos no están siendo tratados conforme a los principios y deberes que establece la Ley y el presente Reglamento.

La cancelación procederá respecto de la totalidad de los datos personales del titular contenidos en una base de datos, o sólo parte de ellos, según lo haya solicitado.

Bloqueo

Artículo 107

De resultar procedente la cancelación, y sin perjuicio de lo establecido en el artículo 32 de la Ley, el responsable deberá:

I. Establecer un periodo de bloqueo con el único propósito de determinar posibles responsabilidades en relación con su tratamiento hasta el plazo de prescripción legal o contractual de éstas, y notificarlo al titular o a su representante en la respuesta a la solicitud de cancelación, que se emita dentro del plazo de veinte días que establece el artículo 32 de la Ley;

II. Atender las medidas de seguridad adecuadas para el bloqueo;

III. Llevar a cabo el bloqueo en el plazo de quince días que establece el artículo 32 de la Ley, y

IV. Transcurrido el periodo de bloqueo, llevar a cabo la supresión correspondiente, bajo las medidas de seguridad previamente establecidas por el responsable.

Propósitos del bloqueo

Artículo 108

En términos del artículo 3, fracción III de la Ley, el bloqueo tiene como propósito impedir el tratamiento, a excepción del almacenamiento, o posible acceso por persona alguna, salvo que alguna disposición legal prevea lo contrario.

El periodo de bloqueo será hasta el plazo de prescripción legal o contractual correspondiente.

SECCIÓN V
DEL DERECHO DE OPOSICIÓN Y SU EJERCICIO

Derecho de oposición

Artículo 109

En términos del artículo 27 de la Ley, el titular podrá, en todo momento, oponerse al tratamiento de sus datos personales o exigir que se cese en el mismo cuando:

I. Exista causa legítima y su situación específica así lo requiera, lo cual debe justificar que aun siendo lícito el tratamiento, el mismo debe cesar para evitar que su persistencia cause un perjuicio al titular, o

II. Requiera manifestar su oposición para el tratamiento de sus datos personales a fin de que no se lleve a cabo el tratamiento para fines específicos.

No procederá el ejercicio del derecho de oposición en aquellos casos en los que el tratamiento sea necesario para el cumplimiento de una obligación legal impuesta al responsable.

Listados de exclusión

Artículo 110

Para el ejercicio del derecho de oposición, los responsables podrán gestionar listados de exclusión propios en los que incluyan los datos de las personas que han manifestado su negativa para que trate sus datos personales, ya sea para sus productos o de terceras personas.

Asimismo, los responsables podrán gestionar listados comunes de exclusión por sectores o generales.

En ambos casos, la inscripción del titular a dichos listados deberá ser gratuita y otorgar al titular una constancia de su inscripción al mismo, a través de los mecanismos que el responsable determine.

Registro Público de Consumidores y Registro Público de Usuarios

Artículo 111

El Registro Público de Consumidores previsto en la Ley Federal de Protección al Consumidor y el Registro Público de Usuarios previsto en la Ley de Protección y Defensa al Usuario de Servicios Financieros, continuarán vigentes y se regirán de conformidad con lo que establezcan las leyes en cita y las disposiciones aplicables que de ellas deriven.

SECCIÓN VI
DE LAS DECISIONES SIN INTERVENCIÓN HUMANA VALORATIVA

Tratamiento de datos personales en decisiones sin intervención humana valorativa

Artículo 112

Cuando se traten datos personales como parte de un proceso de toma de decisiones sin que intervenga la valoración de una persona física, el responsable deberá informar al titular que esta situación ocurre.

Asimismo, el titular podrá ejercer su derecho de acceso, a fin de conocer los datos personales que se utilizaron como parte de la toma de decisión correspondiente y, de ser el caso, el derecho de rectificación, cuando considere que alguno de los datos personales utilizados sea inexacto o incompleto, para que, de acuerdo con los mecanismos que el responsable tenga implementados para tal fin, esté en posibilidad de solicitar la reconsideración de la decisión tomada.

CAPÍTULO VIII
DEL PROCEDIMIENTO DE PROTECCIÓN DE DERECHOS

Inicio

Artículo 113

La solicitud para iniciar el procedimiento de protección de derechos deberá presentarse por el titular o su representante; ya sea mediante escrito libre, en los formatos que para tal efecto determine el Instituto o a través del sistema que éste establezca, en el plazo previsto en el artículo 45 de la Ley.

Tanto el formato como el sistema deberán ser puestos a disposición por el Instituto en su sitio de Internet y en cada una de las oficinas habilitadas que éste determine.

Al promover una solicitud de protección de derechos, el titular o su representante deberán acreditar su identidad o personalidad respectivamente, en los términos establecidos en el artículo 89 del presente Reglamento. En el caso del titular, éste también podrá acreditar su identidad a través de medios electrónicos u otros, en términos de lo que prevean las disposiciones legales o reglamentarias aplicables.

El Instituto podrá tener por reconocida la identidad del titular o la personalidad del representante cuando la misma ya hubiere sido acreditada ante el responsable al ejercer su derecho ARCO.

Medios para presentar la solicitud de protección de derechos

Artículo 114

La solicitud de protección de derechos podrá presentarse en el domicilio del Instituto, en sus oficinas habilitadas, por correo certificado con acuse de recibo o en el sistema al que refiere el artículo anterior, en este último caso, siempre que el particular cuente con la certificación del medio de identificación electrónica a que se refiere el artículo 69-C de la Ley Federal de Procedimiento Administrativo u otras disposiciones legales aplicables. En todo caso, se entregará al promovente un acuse de recibo en el cual conste de manera fehaciente la fecha de la presentación de la solicitud.

Cuando el promovente presente su solicitud por medios electrónicos a través del sistema que establezca el Instituto, se entenderá que acepta que las notificaciones le sean efectuadas por dicho sistema o a través de otros medios electrónicos generados por éste, salvo que señale un medio distinto para efectos de las notificaciones.

Cuando la solicitud sea presentada por el titular o su representante en la oficina habilitada por el Instituto, ésta hará constar la acreditación de la identidad o, en su caso, de la personalidad del representante, y podrá enviar o registrar por medios electrónicos, tanto la solicitud, como los documentos exhibidos. En este caso, la solicitud se tendrá por recibida, para efectos del plazo a que se refiere el artículo 47 de la Ley, cuando el Instituto, a través de ese mismo medio, genere el acuse de recibo correspondiente.

Lo anterior, sin perjuicio de que la oficina habilitada remita al Instituto por correo certificado, la constancia de identidad del titular o el documento de acreditación de la personalidad del representante, así como la solicitud y los documentos anexos, para su integración al expediente respectivo.

En el caso de que el titular envíe la solicitud y sus anexos por correo certificado, el plazo a que se refiere el artículo 47 de la Ley empezará a contar a partir de la fecha que conste en el sello de recepción del Instituto.

Causales de procedencia

Artículo 115

El procedimiento de protección de derechos procederá cuando exista una inconformidad por parte del titular, derivada de acciones u omisiones del responsable con motivo del ejercicio de los derechos ARCO cuando:

I. El titular no haya recibido respuesta por parte del responsable;

II. El responsable no otorgue acceso a los datos personales solicitados o lo haga en un formato incomprensible;

III. El responsable se niegue a efectuar las rectificaciones a los datos personales;

IV. El titular no esté conforme con la información entregada por considerar que es incompleta o no corresponde a la solicitada, o bien, con el costo o modalidad de la reproducción;

V. El responsable se niegue a cancelar los datos personales;

VI. El responsable persista en el tratamiento a pesar de haber procedido la solicitud de oposición, o bien, se niegue a atender la solicitud de oposición, y

VII. Por otras causas que a juicio del Instituto sean procedentes conforme a la Ley o al presente Reglamento.

Requisitos de la solicitud de protección de derechos

Artículo 116

El promovente, en términos del artículo 46 de la Ley, deberá adjuntar a su solicitud de protección de derechos la información y documentos siguientes:

I. Copia de la solicitud del ejercicio de derechos que corresponda, así como copia de los documentos anexos para cada una de las partes, de ser el caso;

II. El documento que acredite que actúa por su propio derecho o en representación del titular;

III. El documento en que conste la respuesta del responsable, de ser el caso;

IV. En el supuesto en que impugne la falta de respuesta del responsable, deberá acompañar una copia en la que obre el acuse o constancia de recepción de la solicitud del ejercicio de derechos por parte del responsable;

V. Las pruebas documentales que ofrece para demostrar sus afirmaciones;

VI. El documento en el que señale las demás pruebas que ofrezca, en términos del artículo 119 del presente Reglamento, y

VII. Cualquier otro documento que considere procedente someter a juicio del Instituto.

Si el titular no pudiera acreditar que acudió con el responsable, ya sea porque éste se hubiere negado a recibir la solicitud de ejercicio de derechos ARCO o a emitir el acuse de recibido, lo hará del conocimiento del Instituto mediante escrito, y éste le dará vista al responsable para que manifieste lo que a su derecho convenga, a fin de garantizar al titular el ejercicio de sus derechos ARCO.

Acuerdo de admisión

Artículo 117

En su caso, el Instituto deberá acordar la admisión de la solicitud de protección de derechos en un plazo no mayor a diez días a partir de su recepción.

Acordada la admisión, el Instituto notificará la misma al promovente y correrá traslado al responsable, en un plazo no mayor a diez días, anexando copia de todos los documentos que el titular hubiere aportado, a efecto de que manifieste lo que a su derecho convenga en un plazo de quince días a partir de la notificación, debiendo ofrecer las pruebas que considere pertinentes.

Admisión o desechamiento de las pruebas

Artículo 118

El Instituto dictará un acuerdo de admisión o desechamiento de las pruebas, y de ser necesario éstas serán desahogadas en una audiencia, de la cual se notificará el lugar o medio, la fecha y hora a las partes.

Ofrecimiento de pruebas

Artículo 119

Los medios de prueba que podrán ofrecerse son los siguientes:

I. La documental pública;

II. La documental privada;

III. La inspección, siempre y cuando se realice a través de la autoridad competente;

IV. La presuncional, en su doble aspecto, legal y humana;

V. La pericial;

VI. La testimonial, y

VII. Las fotografías, páginas electrónicas, escritos y demás elementos aportados por la ciencia y tecnología.

En caso de que se ofrezca prueba pericial o testimonial, se precisarán los hechos sobre los que deban versar y se señalarán los nombres y domicilios del perito o de los testigos, exhibiéndose el cuestionario o el interrogatorio respectivo en preparación de las mismas. Sin estos señalamientos se tendrán por no ofrecidas dichas pruebas.

Conciliación

Artículo 120

Admitida la solicitud y sin perjuicio de lo dispuesto por el artículo 54 de la Ley, el Instituto promoverá la conciliación entre las partes, de conformidad con el siguiente procedimiento:

I. En el acuerdo de admisión de la solicitud de protección de derechos, el Instituto requerirá a las partes que manifiesten, por cualquier medio, su voluntad de conciliar, en un plazo no mayor a diez días, contados a partir de la notificación de dicho acuerdo, mismo que contendrá un resumen de la solicitud de protección de datos personales y de la respuesta del responsable si la hubiere, señalando los elementos comunes y los puntos de controversia.

La conciliación podrá celebrarse presencialmente, por medios remotos o locales de comunicación electrónica o por cualquier otro medio que determine el Instituto. En cualquier caso, la conciliación habrá de hacerse constar por el medio que permita acreditar su existencia.

Queda exceptuado de la etapa de conciliación, cuando el titular sea menor de edad y se haya vulnerado alguno de los derechos contemplados en la Ley para la Protección de los Derechos de Niñas, Niños y Adolescentes, vinculados con la Ley y el presente Reglamento, salvo que cuente con representación legal debidamente acreditada;

II. Aceptada la posibilidad de conciliar por las partes, el Instituto señalará el lugar o medio, día y hora para la celebración de una audiencia de conciliación, la cual deberá realizarse dentro de los veinte días siguientes en que el Instituto haya recibido la manifestación de la voluntad de conciliar de las partes, en la que se procurará avenir los intereses entre el titular y el responsable.

El conciliador podrá, en todo momento en la etapa de conciliación, requerir a las partes que presenten en un plazo máximo de cinco días, los elementos de convicción que estime necesarios para la conciliación.

El conciliador podrá suspender cuando lo estime pertinente o a instancia de ambas partes la audiencia de conciliación hasta en dos ocasiones. En caso de que se suspenda la audiencia, el conciliador señalará día y hora para su reanudación.

De toda audiencia de conciliación se levantará el acta respectiva, en la que conste el resultado de la misma. En caso de que el responsable o el titular o sus respectivos representantes no firmen el acta, ello no afectará su validez, debiéndose hacer constar dicha negativa;

III. Si alguna de las partes no acude a la audiencia de conciliación y justifica su ausencia en un plazo de tres días, será convocado a una segunda audiencia de conciliación; en caso de que no acuda a esta última, se continuará con el procedimiento de protección de derechos. Cuando alguna de las partes no acuda a la audiencia de conciliación sin justificación alguna, se continuará con el procedimiento;

IV. De no existir acuerdo en la audiencia de conciliación, se continuará con el procedimiento de protección de derechos;

V. En caso de que en la audiencia se logre la conciliación, el acuerdo deberá constar por escrito y tendrá efectos vinculantes y señalará, en su caso, el plazo de su cumplimiento, y

VI. El cumplimiento del acuerdo dará por concluido el procedimiento de protección de derechos, en caso contrario, el Instituto reanudará el procedimiento.

El plazo al que se refiere el artículo 47 de la Ley será suspendido durante el periodo de cumplimiento del acuerdo de conciliación.

El procedimiento establecido en el presente artículo no obsta para que, en términos del artículo 54 de la Ley, el Instituto pueda buscar la conciliación en cualquier momento del procedimiento de protección de derechos.

Audiencia

Artículo 121

Para los efectos del penúltimo párrafo del artículo 45 de la Ley, el Instituto determinará, en su caso, el lugar o medio, fecha y hora para la celebración de la audiencia, la cual podrá posponerse sólo por causa justificada. En dicha audiencia se desahogarán las pruebas que por su naturaleza así lo requieran y se levantará el acta correspondiente.

Presentación de alegatos

Artículo 122

Dictado el acuerdo que tenga por desahogadas todas las pruebas, se pondrán las actuaciones a disposición de las partes, para que éstos, en caso de quererlo, formulen alegatos en un plazo de cinco días, contados a partir de la notificación del acuerdo a que se refiere este artículo. Al término de dicho plazo, se cerrará la instrucción y el Instituto emitirá su resolución en el plazo establecido en el artículo 47 de la Ley.

Tercero interesado

Artículo 123

En caso de que no se haya señalado tercero interesado, éste podrá apersonarse en el procedimiento mediante escrito en el que acredite interés jurídico para intervenir en el asunto, hasta antes del cierre de instrucción. Deberá adjuntar a su escrito el documento en el que se acredite su personalidad cuando no actúe en nombre propio y las pruebas documentales que ofrezca.

Falta de respuesta

Artículo 124

En caso de que el procedimiento se inicie por falta de respuesta del responsable a una solicitud de ejercicio de los derechos ARCO, el Instituto correrá traslado al responsable para que, en su caso, acredite haber dado respuesta a la misma, o bien, a falta de ésta, emita la respuesta correspondiente y la notifique al titular con copia al Instituto, en un plazo de diez días contados a partir de la notificación.

En caso de que el responsable acredite haber dado respuesta a la solicitud de ejercicio de derechos en tiempo y forma, y haberla notificado al titular o su representante, el procedimiento de protección de derechos será sobreseído por quedar sin materia, de conformidad con lo previsto en el artículo 53, fracción IV de la Ley.

Cuando el responsable acredite haber dado respuesta a la solicitud de ejercicio de derechos en tiempo y forma, y la solicitud de protección de derechos no haya sido presentada por el titular en el plazo que establece la Ley y el presente Reglamento, el procedimiento de protección de derechos se sobreseerá por extemporáneo, de conformidad con lo previsto en el artículo 53, fracción III de la Ley, en relación con el artículo 52, fracción V del mismo ordenamiento.

En caso de que la respuesta sea emitida por el responsable durante el procedimiento de protección de derechos o hubiere sido emitida fuera del plazo establecido por el artículo 32 de la Ley, el responsable notificará dicha respuesta al Instituto y al titular, para que este último, en un plazo de quince días contados a partir de la notificación, manifieste lo que a su derecho convenga, a efecto de continuar el curso del procedimiento. Si el titular manifiesta su conformidad con la respuesta, el procedimiento será sobreseído por quedar sin materia.

Cuando el responsable no atienda el requerimiento al que refiere el primer párrafo del presente artículo, el Instituto resolverá conforme a los elementos que consten en el expediente.

Resoluciones

Artículo 125

Las resoluciones del Instituto deberán cumplirse en el plazo y términos que las mismas señalen, y podrán instruir el inicio de otros procedimientos previstos en la Ley.

Medios de impugnación

Artículo 126

Contra la resolución al procedimiento de protección de derechos procede el juicio de nulidad ante el Tribunal Federal de Justicia Fiscal y Administrativa.

Reconducción del procedimiento

Artículo 127

En caso de que la solicitud de protección de derechos no actualice alguna de las causales de procedencia previstas en el artículo 115 del presente Reglamento, sino que refiera al procedimiento de verificación contenido en el Capítulo IX de este Reglamento, ésta se turnará a la unidad administrativa competente, en un plazo no mayor a diez días, contados a partir del día en que se recibió la solicitud.

CAPÍTULO IX
DEL PROCEDIMIENTO DE VERIFICACIÓN

Inicio

Artículo 128

El Instituto, con el objeto de comprobar el cumplimiento de las disposiciones previstas en la Ley o en la regulación que de ella derive, podrá iniciar el procedimiento de verificación, requiriendo al responsable la documentación necesaria o realizando las visitas en el establecimiento en donde se encuentren las bases de datos respectivas.

Causales de procedencia

Artículo 129

El procedimiento de verificación se iniciará de oficio o a petición de parte, por instrucción del Pleno del Instituto.

Cualquier persona podrá denunciar ante el Instituto las presuntas violaciones a las disposiciones previstas en la Ley y demás ordenamientos aplicables, siempre que no se ubiquen en los supuestos de procedencia del procedimiento de protección de derechos. En este caso, el Pleno determinará, de manera fundada y motivada, la procedencia de iniciar la verificación correspondiente.

Fe pública

Artículo 130

En el ejercicio de las funciones de verificación, el personal del Instituto estará dotado de fe pública para constatar la veracidad de los hechos en relación con los trámites a su cargo.

Requisitos de la denuncia

Artículo 131

La denuncia deberá indicar lo siguiente:

I. Nombre del denunciante y el domicilio o el medio para recibir notificaciones, en su caso;

II. Relación de los hechos en los que basa su denuncia y los elementos con los que cuente para probar su dicho, y

III. Nombre y domicilio del denunciado o, en su caso, datos para su ubicación.

La denuncia podrá presentarse en los mismos medios establecidos para el procedimiento de protección de derechos.

Cuando la denuncia se presente por medios electrónicos a través del sistema que establezca el Instituto, se entenderá que se acepta que las notificaciones sean efectuadas por dicho sistema o a través de otros medios electrónicos generados por éste, salvo que se señale un medio distinto para efectos de las mismas.

Cuando las actuaciones se lleven a cabo como consecuencia de una denuncia, el Instituto acusará recibo de la misma, pudiendo solicitar la documentación que estime oportuna para el desarrollo del procedimiento.

Desarrollo de la verificación

Artículo 132

El procedimiento de verificación tendrá una duración máxima de ciento ochenta días, este plazo comenzará a contar a partir de la fecha en que el Pleno hubiera dictado el acuerdo de inicio y concluirá con la determinación del mismo, el cual no excederá de ciento ochenta días. El Pleno del Instituto podrá ampliar por una vez y hasta por un periodo igual este plazo.

El Instituto podrá realizar diversas visitas de verificaciones para allegarse de los elementos de convicción necesarios, las cuales se desarrollarán en un plazo máximo de diez días cada una. Este plazo deberá ser notificado al responsable o encargado y, en su caso, al denunciante.

Visitas de verificación

Artículo 133

El personal del Instituto que lleve a cabo las visitas de verificación deberá estar provisto de orden escrita fundada y motivada con firma autógrafa de la autoridad competente del Instituto, en la que deberá precisarse el lugar en donde se encuentra el establecimiento del responsable, o bien en donde se encuentren las bases de datos objeto de la verificación, el objeto de la visita, el alcance que deba tener la misma y las disposiciones legales que lo fundamenten.

Identificación del personal verificador

Artículo 134

Al iniciar la visita, el personal verificador deberá exhibir credencial vigente con fotografía, expedida por el Instituto que lo acredite para desempeñar dicha función, así como la orden escrita fundada y motivada a la que se refiere el artículo anterior, de la que deberá dejar copia con quien se entendió la visita.

Acta de verificación

Artículo 135

Las visitas de verificación concluirán con el levantamiento del acta correspondiente, en la que quedará constancia de las actuaciones practicadas durante la visita o visitas de verificación. Dicha acta se levantará en presencia de dos testigos propuestos por la persona con quien se hubiera entendido la diligencia o por quien la practique si aquélla se hubiera negado a proponerlos.

El acta que se emita por duplicado será firmada por el personal verificador actuante y por el responsable, encargado o con quien se haya entendido la actuación, quien podrá manifestar lo que a su derecho convenga.

En caso de que el verificado se niegue a firmar el acta, se hará constar expresamente esta circunstancia en la misma. Dicha negativa no afectará la validez de las actuaciones o de la propia acta. La firma del verificado no supondrá su conformidad, sino tan sólo la recepción de la misma.

Se entregará al verificado uno de los originales del acta de verificación, incorporándose el otro a las actuaciones.

Contenido de las actas de verificación

Artículo 136

En las actas de verificación se hará constar:

I. Nombre, denominación o razón social del verificado;

II. Hora, día, mes y año en que se inicie y concluya la verificación;

III. Los datos que identifiquen plenamente el domicilio, tales como calle, número, población o colonia, municipio o delegación, código postal y entidad federativa en que se encuentre ubicado el lugar en que se practique la verificación, así como número telefónico u otra forma de comunicación disponible con el verificado;

IV. Número y fecha del oficio de comisión que la motivó;

V. Nombre y cargo de la persona con quien se entendió la verificación;

VI. Nombre y domicilio de las personas que fungieron como testigos;

VII. Datos relativos a la actuación;

VIII. Declaración del verificado, si quisiera hacerla, y

IX. Nombre y firma de quienes intervinieron en la verificación, incluyendo los de quienes la hubieran llevado a cabo. Si se negara a firmar el verificado, su representante legal o la persona con quien se entendió la verificación, ello no afectará la validez del acta, debiendo el personal verificador asentar la razón relativa.

Los verificados a quienes se haya levantado acta de verificación, podrán formular observaciones en el acto de la verificación y manifestar lo que a su derecho convenga en relación a los hechos contenidos en ella, o bien, por escrito dentro del término de los cinco días siguientes a la fecha en que se hubiere levantado.

Resolución

Artículo 137

El procedimiento de verificación concluirá con la resolución que emita el Pleno del Instituto, en la cual, en su caso, se establecerán las medidas que deberá adoptar el responsable en el plazo que la misma establezca.

La resolución del Pleno podrá instruir el inicio del procedimiento de imposición de sanciones o establecer un plazo para su inicio, el cual se llevará a cabo conforme a lo dispuesto por la Ley y el presente Reglamento.

La determinación del Pleno será notificada al verificado y al denunciante.

Medios de impugnación

Artículo 138

En contra de la resolución al procedimiento de verificación, se podrá interponer el juicio de nulidad ante el Tribunal Federal de Justicia Fiscal y Administrativa.

Reconducción del procedimiento

Artículo 139

En caso de que la denuncia presentada no refiera al procedimiento previsto en el presente capítulo, sino que actualice alguna de las causales de procedencia del procedimiento de protección de derechos, contenidas en el artículo 115 del presente Reglamento, ésta se turnará a la unidad administrativa competente, en un plazo no mayor a diez días, contados a partir del día en que se recibió la solicitud.

CAPÍTULO X
DEL PROCEDIMIENTO DE IMPOSICIÓN DE SANCIONES

Inicio

Artículo 140

Para efectos del artículo 61 de la Ley, el Instituto iniciará el procedimiento de imposición de sanciones cuando de los procedimientos de protección de derechos o de verificación, se determinen presuntas infracciones a la Ley susceptibles de ser sancionadas conforme al artículo 64 de la misma. Desahogado el procedimiento respectivo, se emitirá la resolución correspondiente.

El procedimiento iniciará con la notificación que se haga al presunto infractor, en el domicilio que el Instituto tenga registrado, derivado de los procedimientos de protección de derechos o de verificación.

La notificación irá acompañada de un informe que describa los hechos constitutivos de la presunta infracción, emplazando al presunto infractor para que en un término de quince días, contados a partir de que surta efectos la notificación, manifieste lo que a su derecho convenga y rinda las pruebas que estime convenientes.

Ofrecimiento y desahogo de pruebas

Artículo 141

El presunto infractor en su contestación se manifestará concretamente respecto de cada uno de los hechos que se le imputen de manera expresa, afirmándolos, negándolos, señalando que los ignora por no ser propios o exponiendo cómo ocurrieron, según sea el caso; y presentará los argumentos por medio de los cuales desvirtúe la infracción que se presume y las pruebas correspondientes.

En caso de que se ofrezca prueba pericial o testimonial, se precisarán los hechos sobre los que deban versar y se señalarán los nombres y domicilios del perito o de los testigos, exhibiéndose el cuestionario o el interrogatorio respectivo en preparación de las mismas. Sin estos señalamientos se tendrán por no ofrecidas dichas pruebas.

Admisión o desechamiento de las pruebas

Artículo 142

Al ofrecimiento de pruebas del presunto infractor, deberá recaer un acuerdo de admisión o desechamiento de las mismas, y se procederá a su desahogo.

De ser necesario, se determinará lugar, fecha y hora para el desahogo de pruebas, que por su naturaleza así lo requieran. Se levantará un acta de la celebración de la audiencia y del desahogo de las pruebas.

Cierre de instrucción y resolución

Artículo 143

Desahogadas, en su caso, las pruebas, se notificará al presunto infractor que cuenta con cinco días para presentar alegatos, contados a partir del día siguiente de que surta efectos la notificación. Al término de dicho plazo se cerrará la instrucción y la resolución del Instituto deberá emitirse en un plazo no mayor de cincuenta días, siguientes a los que inició el procedimiento.

Cuando haya causa justificada, el Pleno del Instituto podrá ampliar por una vez y hasta por un período igual el plazo de cincuenta días al que refiere el párrafo anterior.

Medios de impugnación

Artículo 144

En contra de la resolución al procedimiento de imposición de sanciones procede el juicio de nulidad ante el Tribunal Federal de Justicia Fiscal y Administrativa.

TRANSITORIOS

Primero

El presente Reglamento entrará en vigor al día siguiente al de su publicación en el Diario Oficial de la Federación.

Segundo

Cualquier tratamiento regulado por la Ley y el presente Reglamento que se realice con posterioridad a la fecha de entrada en vigor de la Ley, deberá ajustarse a las disposiciones previstas en dichos ordenamientos, con independencia de que los datos personales hayan sido obtenidos o la base de datos correspondiente haya sido conformada o creada con anterioridad a la entrada en vigor de la Ley. No será necesario recabar el consentimiento de los titulares de los datos personales obtenidos con anterioridad a la entrada en vigor de la Ley, siempre y cuando se cumpla con lo dispuesto por el siguiente párrafo.

Los responsables que hayan recabado datos personales antes de la entrada en vigor de la Ley y que continúen dando tratamiento a los mismos, deberán poner a disposición de los titulares el aviso de privacidad o, en su caso, aplicar cualquiera de las medidas compensatorias, según se requiera, de conformidad con lo dispuesto por los artículos 18 de la Ley y 32, 33, 34 y 35 del presente Reglamento.

El titular tiene a salvo el ejercicio de sus derechos ARCO con relación a los tratamientos que se informen en el aviso de privacidad, o la medida compensatoria que corresponda.

Tercero

Los criterios generales para el uso de las medidas compensatorias a las que se refiere el artículo 32 del presente Reglamento, serán publicadas por el Instituto a más tardar a los tres meses a partir de la entrada en vigor de este Reglamento.

Cuarto

El responsable deberá observar lo dispuesto en el Capítulo III del presente Reglamento a más tardar a los dieciocho meses siguientes de la entrada en vigor del mismo.

Quinto

La Secretaría, en coadyuvancia con el Instituto, emitirá los parámetros a que se refieren los artículos 82, 83, 84, 85 y 86 de este Reglamento, dentro de los seis meses siguientes a su entrada en vigor.

Dado en la Residencia del Poder Ejecutivo Federal, en la Ciudad de México, Distrito Federal, a diecinueve de diciembre de dos mil once.- Felipe de Jesús Calderón Hinojosa.- Rúbrica.- El Secretario de Economía, Bruno Francisco Ferrari García de Alba.- Rúbrica.

LEY GENERAL DE PROTECCIÓN DE DATOS PERSONALES EN POSESIÓN DE SUJETOS OBLIGADOS

TEXTO ORIGINAL.

Ley publicada en la Primera Sección del Diario Oficial de la Federación, el jueves 26 de enero de 2017.

Al margen un sello con el Escudo Nacional, que dice: Estados Unidos Mexicanos.- Presidencia de la República.

ENRIQUE PEÑA NIETO, Presidente de los Estados Unidos Mexicanos, a sus habitantes sabed:

Que el Honorable Congreso de la Unión, se ha servido dirigirme el siguiente

DECRETO

"EL CONGRESO GENERAL DE LOS ESTADOS UNIDOS MEXICANOS, DECRETA:

SE EXPIDE LA LEY GENERAL DE PROTECCIÓN DE DATOS PERSONALES EN POSESIÓN DE SUJETOS OBLIGADOS

ARTÍCULO ÚNICO. Se expide la Ley General de Protección de Datos Personales en Posesión de Sujetos Obligados.

LEY GENERAL DE PROTECCIÓN DE DATOS PERSONALES EN POSESIÓN DE SUJETOS OBLIGADOS

TÍTULO PRIMERO DISPOSICIONES GENERALES

CAPÍTULO I DEL OBJETO DE LA LEY

Artículo 1

La presente Ley es de orden público y de observancia general en toda la República, reglamentaria de los artículos 6o., Base A y 16, segundo párrafo, de la Constitución Política de los Estados Unidos Mexicanos, en materia de protección de datos personales en posesión de sujetos obligados.

Todas las disposiciones de esta Ley General, según corresponda, y en el ámbito de su competencia, son de aplicación y observancia directa para los sujetos obligados pertenecientes al orden federal.

El Instituto ejercerá las atribuciones y facultades que le otorga esta Ley, independientemente de las otorgadas en las demás disposiciones aplicables.

Tiene por objeto establecer las bases, principios y procedimientos para garantizar el derecho que tiene toda persona a la protección de sus datos personales, en posesión de sujetos obligados.

Son sujetos obligados por esta Ley, en el ámbito federal, estatal y municipal, cualquier autoridad, entidad, órgano y organismo de los Poderes Ejecutivo, Legislativo y Judicial, órganos autónomos, partidos políticos, fideicomisos y fondos públicos.

Los sindicatos y cualquier otra persona física o moral que reciba y ejerza recursos públicos o realice actos de autoridad en el ámbito federal, estatal y municipal serán responsables de los datos personales, de conformidad con la normatividad aplicable para la protección de datos personales en posesión de los particulares.

En todos los demás supuestos diferentes a los mencionados en el párrafo anterior, las personas físicas y morales se sujetarán a lo previsto en la Ley Federal de Protección de Datos Personales en Posesión de los Particulares.

Artículo 2

Son objetivos de la presente Ley:

I. Distribuir competencias entre los Organismos garantes de la Federación y las Entidades Federativas, en materia de protección de datos personales en posesión de sujetos obligados;

II. Establecer las bases mínimas y condiciones homogéneas que regirán el tratamiento de los datos personales y el ejercicio de los derechos de acceso, rectificación, cancelación y oposición, mediante procedimientos sencillos y expeditos;

III. Regular la organización y operación del Sistema Nacional de Transparencia, Acceso a la Información y Protección de Datos Personales a que se refieren esta Ley y la Ley General de Transparencia y Acceso a la Información Pública, en lo relativo a sus funciones para la protección de datos personales en posesión de sujetos obligados;

IV. Garantizar la observancia de los principios de protección de datos personales previstos en la presente Ley y demás disposiciones que resulten aplicables en la materia;

V. Proteger los datos personales en posesión de cualquier autoridad, entidad, órgano y organismo de los Poderes Ejecutivo, Legislativo y Judicial, órganos autónomos, partidos políticos, fideicomisos y fondos públicos, de la Federación, las Entidades Federativas y los municipios, con la finalidad de regular su debido tratamiento;

VI. Garantizar que toda persona pueda ejercer el derecho a la protección de los datos personales;

VII. Promover, fomentar y difundir una cultura de protección de datos personales;

VIII. Establecer los mecanismos para garantizar el cumplimiento y la efectiva aplicación de las medidas de apremio que correspondan para aquellas conductas que contravengan las disposiciones previstas en esta Ley, y

IX. Regular los medios de impugnación y procedimientos para la interposición de acciones de inconstitucionalidad y controversias constitucionales por parte de los Organismos garantes locales y de la Federación; de conformidad con sus facultades respectivas.

Artículo 3

Para los efectos de la presente Ley se entenderá por:

I. Áreas: Instancias de los sujetos obligados previstas en los respectivos reglamentos interiores, estatutos orgánicos o instrumentos equivalentes, que cuentan o puedan contar, dar tratamiento, y ser responsables o encargadas de los datos personales;

II. Aviso de privacidad: Documento a disposición del titular de forma física, electrónica o en cualquier formato generado por el responsable, a partir del momento en el cual se recaben sus datos personales, con el objeto de informarle los propósitos del tratamiento de los mismos;

III. Bases de datos: Conjunto ordenado de datos personales referentes a una persona física identificada o identificable, condicionados a criterios determinados, con independencia de la forma o modalidad de su creación, tipo de soporte, procesamiento, almacenamiento y organización;

IV. Bloqueo: La identificación y conservación de datos personales una vez cumplida la finalidad para la cual fueron recabados, con el único propósito de determinar posibles responsabilidades en relación con su tratamiento, hasta el plazo de prescripción legal o contractual de éstas. Durante dicho periodo, los datos personales no podrán ser objeto de tratamiento y transcurrido éste, se procederá a su cancelación en la base de datos que corresponda;

V. Comité de Transparencia: Instancia a la que hace referencia el artículo 43 de la Ley General de Transparencia y Acceso a la Información Pública;

VI. Cómputo en la nube: Modelo de provisión externa de servicios de cómputo bajo demanda, que implica el suministro de infraestructura, plataforma o programa informático, distribuido de modo flexible, mediante procedimientos virtuales, en recursos compartidos dinámicamente;

VII. Consejo Nacional: Consejo Nacional de Transparencia, Acceso a la Información y Protección de Datos Personales a que se refiere el artículo 32 de la Ley General de Transparencia y Acceso a la Información Pública;

VIII. Consentimiento: Manifestación de la voluntad libre, específica e informada del titular de los datos mediante la cual se efectúa el tratamiento de los mismos;

IX. Datos personales: Cualquier información concerniente a una persona física identificada o identificable. Se considera que una persona es identificable cuando su identidad pueda determinarse directa o indirectamente a través de cualquier información;

X. Datos personales sensibles: Aquellos que se refieran a la esfera más íntima de su titular, o cuya utilización indebida pueda dar origen a discriminación o conlleve un riesgo grave para éste. De manera enunciativa más no limitativa, se consideran sensibles los datos personales que puedan revelar aspectos como origen racial o étnico, estado de salud presente o futuro, información genética, creencias religiosas, filosóficas y morales, opiniones políticas y preferencia sexual;

XI. Derechos ARCO: Los derechos de acceso, rectificación, cancelación y oposición al tratamiento de datos personales;

XII. Días: Días hábiles;

XIII. Disociación: El procedimiento mediante el cual los datos personales no pueden asociarse al titular ni permitir, por su estructura, contenido o grado de desagregación, la identificación del mismo;

XIV. Documento de seguridad: Instrumento que describe y da cuenta de manera general sobre las medidas de seguridad técnicas, físicas y administrativas adoptadas por el responsable para garantizar la confidencialidad, integridad y disponibilidad de los datos personales que posee;

XV. Encargado: La persona física o jurídica, pública o privada, ajena a la organización del responsable, que sola o conjuntamente con otras trate datos personales a nombre y por cuenta del responsable;

XVI. Evaluación de impacto en la protección de datos personales: Documento mediante el cual los sujetos obligados que pretendan poner en operación o modificar políticas públicas, programas, sistemas o plataformas informáticas, aplicaciones electrónicas o cualquier otra tecnología que implique el tratamiento intensivo o relevante de datos personales, valoran los impactos reales respecto de determinado tratamiento de datos personales, a efecto de identificar y mitigar posibles riesgos relacionados con los principios, deberes y derechos de los titulares, así como los deberes de los responsables y encargados, previstos en la normativa aplicable;

XVII. Fuentes de acceso público: Aquellas bases de datos, sistemas o archivos que por disposición de ley puedan ser consultadas públicamente cuando no exista impedimento por una norma limitativa y sin más exigencia que, en su caso, el pago de una contraprestación, tarifa o contribución. No se considerará fuente de acceso público cuando la información contenida en la misma sea obtenida o tenga una procedencia ilícita, conforme a las disposiciones establecidas por la presente Ley y demás normativa aplicable;

XVIII. Instituto: Instituto Nacional de Transparencia, Acceso a la Información y Protección de Datos Personales, el cual es el organismo garante de la Federación en materia de protección de datos personales en posesión de los sujetos obligados;

XIX. Medidas compensatorias: Mecanismos alternos para dar a conocer a los titulares el aviso de privacidad, a través de su difusión por medios masivos de comunicación u otros de amplio alcance;

XX. Medidas de seguridad: Conjunto de acciones, actividades, controles o mecanismos administrativos, técnicos y físicos que permitan proteger los datos personales;

XXI. Medidas de seguridad administrativas: Políticas y procedimientos para la gestión, soporte y revisión de la seguridad de la información a nivel organizacional, la identificación, clasificación y borrado seguro de la información, así como la sensibilización y capacitación del personal, en materia de protección de datos personales;

XXII. Medidas de seguridad físicas: Conjunto de acciones y mecanismos para proteger el entorno físico de los datos personales y de los recursos involucrados en su tratamiento. De manera enunciativa más no limitativa, se deben considerar las siguientes actividades:

a) Prevenir el acceso no autorizado al perímetro de la organización, sus instalaciones físicas, áreas críticas, recursos e información;

b) Prevenir el daño o interferencia a las instalaciones físicas, áreas críticas de la organización, recursos e información;

c) Proteger los recursos móviles, portátiles y cualquier soporte físico o electrónico que pueda salir de la organización, y

d) Proveer a los equipos que contienen o almacenan datos personales de un mantenimiento eficaz, que asegure su disponibilidad e integridad;

XXIII. Medidas de seguridad técnicas: Conjunto de acciones y mecanismos que se valen de la tecnología relacionada con hardware y software para proteger el entorno digital de los datos personales y los recursos involucrados en su tratamiento. De manera enunciativa más no limitativa, se deben considerar las siguientes actividades:

a) Prevenir que el acceso a las bases de datos o a la información, así como a los recursos, sea por usuarios identificados y autorizados;

b) Generar un esquema de privilegios para que el usuario lleve a cabo las actividades que requiere con motivo de sus funciones;

c) Revisar la configuración de seguridad en la adquisición, operación, desarrollo y mantenimiento del software y hardware, y

d) Gestionar las comunicaciones, operaciones y medios de almacenamiento de los recursos informáticos en el tratamiento de datos personales;

XXIV. Organismos garantes: Aquellos con autonomía constitucional especializados en materia de acceso a la información y protección de datos personales, en términos de los artículos 6o. y 116, fracción VIII de la Constitución Política de los Estados Unidos Mexicanos;

XXV. Plataforma Nacional: La Plataforma Nacional de Transparencia a que hace referencia el artículo 49 de la Ley General de Transparencia y Acceso a la Información Pública;

XXVI. Programa Nacional de Protección de Datos Personales: Programa Nacional de Protección de Datos Personales;

XXVII. Remisión: Toda comunicación de datos personales realizada exclusivamente entre el responsable y encargado, dentro o fuera del territorio mexicano;

XXVIII. Responsable: Los sujetos obligados a que se refiere el artículo 1 de la presente Ley que deciden sobre el tratamiento de datos personales;

XXIX. Sistema Nacional: El Sistema Nacional de Transparencia, Acceso a la Información y Protección de Datos Personales;

XXX. Supresión: La baja archivística de los datos personales conforme a la normativa archivística aplicable, que resulte en la eliminación, borrado o destrucción de los datos personales bajo las medidas de seguridad previamente establecidas por el responsable;

XXXI. Titular: La persona física a quien corresponden los datos personales;

XXXII. Transferencia: Toda comunicación de datos personales dentro o fuera del territorio mexicano, realizada a persona distinta del titular, del responsable o del encargado;

XXXIII. Tratamiento: Cualquier operación o conjunto de operaciones efectuadas mediante procedimientos manuales o automatizados aplicados a los datos personales, relacionadas con la obtención, uso, registro, organización, conservación, elaboración, utilización, comunicación, difusión, almacenamiento, posesión, acceso, manejo, aprovechamiento, divulgación, transferencia o disposición de datos personales, y

XXXIV. Unidad de Transparencia: Instancia a la que hace referencia el artículo 45 de la Ley General de Transparencia y Acceso a la Información Pública.

Artículo 4

La presente Ley será aplicable a cualquier tratamiento de datos personales que obren en soportes físicos o electrónicos, con independencia de la forma o modalidad de su creación, tipo de soporte, procesamiento, almacenamiento y organización.

Artículo 5

Para los efectos de la presente Ley, se considerarán como fuentes de acceso público:

I. Las páginas de Internet o medios remotos o locales de comunicación electrónica, óptica y de otra tecnología, siempre que el sitio donde se encuentren los datos personales esté concebido para facilitar información al público y esté abierto a la consulta general;

II. Los directorios telefónicos en términos de la normativa específica;

III. Los diarios, gacetas o boletines oficiales, de acuerdo con su normativa;

IV. Los medios de comunicación social, y

V. Los registros públicos conforme a las disposiciones que les resulten aplicables.

Para que los supuestos enumerados en el presente artículo sean considerados fuentes de acceso público será necesario que su consulta pueda ser realizada por cualquier persona no impedida por una norma limitativa, o sin más exigencia que, en su caso, el pago de una contra prestación, derecho o tarifa. No se considerará una fuente de acceso público cuando la información contenida en la misma sea o tenga una procedencia ilícita.

Artículo 6

El Estado garantizará la privacidad de los individuos y deberá velar porque terceras personas no incurran en conductas que puedan afectarla arbitrariamente.

El derecho a la protección de los datos personales solamente se limitará por razones de seguridad nacional, en términos de la ley en la materia, disposiciones de orden público, seguridad y salud públicas o para proteger los derechos de terceros.

Artículo 7

Por regla general no podrán tratarse datos personales sensibles, salvo que se cuente con el consentimiento expreso de su titular o en su defecto, se trate de los casos establecidos en el artículo 22 de esta Ley.

En el tratamiento de datos personales de menores de edad se deberá privilegiar el interés superior de la niña, el niño y el adolescente, en términos de las disposiciones legales aplicables.

Artículo 8

La aplicación e interpretación de la presente Ley se realizará conforme a lo dispuesto en la Constitución Política de los Estados Unidos Mexicanos, los Tratados Internacionales de los que el Estado mexicano sea parte, así como las resoluciones y sentencias vinculantes que emitan los órganos nacionales e internacionales especializados, favoreciendo en todo tiempo el derecho a la privacidad, la protección de datos personales y a las personas la protección más amplia.

Para el caso de la interpretación, se podrán tomar en cuenta los criterios, determinaciones y opiniones de los organismos nacionales e internacionales, en materia de protección de datos personales.

Artículo 9

A falta de disposición expresa en la presente Ley, se aplicarán de manera supletoria las disposiciones del Código Federal de Procedimientos Civiles y de la Ley Federal de Procedimiento Administrativo.

Las leyes de las Entidades Federativas, en el ámbito de sus respectivas competencias, deberán determinar las disposiciones que les resulten aplicables en materia supletoria a los Organismos garantes en la aplicación e interpretación de esta Ley.

CAPÍTULO II
DEL SISTEMA NACIONAL DE TRANSPARENCIA, ACCESO A LA INFORMACIÓN Y PROTECCIÓN DE DATOS PERSONALES

Artículo 10

El Sistema Nacional se conformará de acuerdo con lo establecido en la Ley General de Transparencia y Acceso a la Información Pública. En materia de protección de datos personales, dicho Sistema tiene como función coordinar y evaluar las acciones relativas a la política pública transversal de protección de datos personales, así como establecer e implementar criterios y lineamientos en la materia, de conformidad con lo señalado en la presente Ley, la Ley General de Transparencia y Acceso a la Información Pública y demás normatividad aplicable.

Artículo 11

El Sistema Nacional contribuirá a mantener la plena vigencia del derecho a la protección de datos personales a nivel nacional, en los tres órdenes de gobierno.

Este esfuerzo conjunto e integral, aportará a la implementación de políticas públicas con estricto apego a la normatividad aplicable en la materia; el ejercicio pleno y respeto del derecho a la protección de datos personales y la difusión de una cultura de este derecho y su accesibilidad.

Artículo 12

Además de los objetivos previstos en la Ley General de Transparencia y Acceso a la Información Pública, el Sistema Nacional tendrá como objetivo diseñar, ejecutar y evaluar un Programa Nacional de Protección de Datos Personales que defina la política pública y establezca, como mínimo, objetivos, estrategias, acciones y metas para:

I. Promover la educación y una cultura de protección de datos personales entre la sociedad mexicana;

II. Fomentar el ejercicio de los derechos de acceso, rectificación, cancelación y oposición;

III. Capacitar a los sujetos obligados en materia de protección de datos personales;

IV. Impulsar la implementación y mantenimiento de un sistema de gestión de seguridad a que se refiere el artículo 34 de la presente Ley, así como promover la adopción de estándares nacionales e internacionales y buenas prácticas en la materia, y

V. Prever los mecanismos que permitan medir, reportar y verificar las metas establecidas.

El Programa Nacional de Protección de Datos Personales, se constituirá como un instrumento rector para la integración y coordinación del Sistema Nacional, y deberá determinar y jerarquizar los objetivos y metas que éste debe cumplir, así como definir las líneas de acción generales que resulten necesarias.

El Programa Nacional de Protección de Datos Personales deberá evaluarse y actualizarse al final de cada ejercicio anual y definirá el conjunto de actividades y proyectos que deberán ser ejecutados durante el siguiente ejercicio.

Artículo 13

El Sistema Nacional contará con un Consejo Nacional. En la integración, organización, funcionamiento y atribuciones del Consejo Nacional se estará a lo dispuesto por la Ley General de Transparencia y Acceso a la Información Pública y demás disposiciones aplicables.

Artículo 14

El Sistema Nacional, además de lo previsto en la Ley General de Transparencia y Acceso a la Información Pública y demás normativa aplicable, tendrá las siguientes funciones en materia de protección de datos personales:

I. Promover el ejercicio del derecho a la protección de datos personales en toda la República Mexicana;

II. Fomentar entre la sociedad una cultura de protección de los datos personales;

III. Analizar, opinar y proponer a las instancias facultadas para ello proyectos de reforma o modificación de la normativa en la materia;

IV. Acordar y establecer los mecanismos de coordinación que permitan la formulación y ejecución de instrumentos y políticas públicas integrales, sistemáticas, continuas y evaluables, tendentes a cumplir con los objetivos y fines del Sistema Nacional, de la presente Ley y demás disposiciones que resulten aplicables en la materia;

V. Emitir acuerdos y resoluciones generales para el funcionamiento del Sistema Nacional;

VI. Formular, establecer y ejecutar políticas generales en materia de protección de datos personales;

VII. Promover la coordinación efectiva de las instancias que integran el Sistema Nacional y dar seguimiento a las acciones que para tal efecto se establezcan;

VIII. Promover la homologación y desarrollo de los procedimientos previstos en la presente Ley y evaluar sus avances;

IX. Diseñar e implementar políticas en materia de protección de datos personales;

X. Establecer mecanismos eficaces para que la sociedad participe en los procesos de evaluación de las políticas y las instituciones integrantes del Sistema Nacional;

XI. Desarrollar proyectos comunes de alcance nacional para medir el cumplimiento y los avances de los responsables;

XII. Suscribir convenios de colaboración que tengan por objeto coadyuvar al cumplimiento de los objetivos del Sistema Nacional y aquellos previstos en la presente Ley y demás disposiciones que resulten aplicables en la materia;

XIII. Promover e implementar acciones para garantizar condiciones de accesibilidad para que los grupos vulnerables puedan ejercer, en igualdad de circunstancias, su derecho a la protección de datos personales;

XIV. Proponer códigos de buenas prácticas o modelos en materia de protección de datos personales;

XV. Promover la comunicación y coordinación con autoridades nacionales, federales, de los Estados, municipales, autoridades y organismos internacionales, con la finalidad de impulsar y fomentar los objetivos de la presente Ley;

XVI. Proponer acciones para vincular el Sistema Nacional con otros sistemas y programas nacionales, regionales o locales;

XVII. Promover e impulsar el ejercicio y tutela del derecho a la protección de datos personales, a través de la implementación, organización y operación de la Plataforma Nacional, a que se refiere la Ley General de Transparencia y Acceso a la Información Pública y demás normativa aplicable;

XVIII. Aprobar el Programa Nacional de Protección de Datos Personales al que se refiere el artículo 12 de esta Ley;

XIX. Expedir criterios adicionales para determinar los supuestos en los que se está ante un tratamiento intensivo o relevante de datos personales, de conformidad con lo dispuesto por los artículos 70 y 71 de esta Ley;

XX. Expedir las disposiciones administrativas necesarias para la valoración del contenido presentado por los sujetos obligados en la Evaluación de impacto en la protección de datos personales, a efecto de emitir las recomendaciones no vinculantes que correspondan, y

XXI. Las demás que se establezcan en otras disposiciones en la materia para el funcionamiento del Sistema Nacional.

Artículo 15

El Consejo Nacional funcionará conforme a lo dispuesto en la Ley General de Transparencia y Acceso a la Información Pública y demás ordenamientos aplicables.

TÍTULO SEGUNDO
PRINCIPIOS Y DEBERES

CAPÍTULO I
DE LOS PRINCIPIOS

Artículo 16

El responsable deberá observar los principios de licitud, finalidad, lealtad, consentimiento, calidad, proporcionalidad, información y responsabilidad en el tratamiento de datos personales.

Artículo 17

El tratamiento de datos personales por parte del responsable deberá sujetarse a las facultades o atribuciones que la normatividad aplicable le confiera.

Artículo 18

Todo tratamiento de datos personales que efectúe el responsable deberá estar justificado por finalidades concretas, lícitas, explícitas y legítimas, relacionadas con las atribuciones que la normatividad aplicable les confiera.

El responsable podrá tratar datos personales para finalidades distintas a aquéllas establecidas en el aviso de privacidad, siempre y cuando cuente con atribuciones conferidas en la ley y medie el consentimiento del titular, salvo que sea una persona reportada como desaparecida, en los términos previstos en la presente Ley y demás disposiciones que resulten aplicables en la materia.

Artículo 19

El responsable no deberá obtener y tratar datos personales, a través de medios engañosos o fraudulentos, privilegiando la protección de los intereses del titular y la expectativa razonable de privacidad.

Artículo 20

Cuando no se actualicen algunas de las causales de excepción previstas en el artículo 22 de la presente Ley, el responsable deberá contar con el consentimiento previo del titular para el tratamiento de los datos personales, el cual deberá otorgarse de forma:

I. Libre: Sin que medie error, mala fe, violencia o dolo que puedan afectar la manifestación de voluntad del titular;

II. Específica: Referida a finalidades concretas, lícitas, explícitas y legítimas que justifiquen el tratamiento, e

III. Informada: Que el titular tenga conocimiento del aviso de privacidad previo al tratamiento a que serán sometidos sus datos personales.

En la obtención del consentimiento de menores de edad o de personas que se encuentren en estado de interdicción o incapacidad declarada conforme a la ley, se estará a lo dispuesto en las reglas de representación previstas en la legislación civil que resulte aplicable.

Artículo 21

El consentimiento podrá manifestarse de forma expresa o tácita. Se deberá entender que el consentimiento es expreso cuando la voluntad del titular se manifieste verbalmente, por escrito, por medios electrónicos, ópticos, signos inequívocos o por cualquier otra tecnología.

El consentimiento será tácito cuando habiéndose puesto a disposición del titular el aviso de privacidad, éste no manifieste su voluntad en sentido contrario.

Por regla general será válido el consentimiento tácito, salvo que la ley o las disposiciones aplicables exijan que la voluntad del titular se manifieste expresamente.

Tratándose de datos personales sensibles el responsable deberá obtener el consentimiento expreso y por escrito del titular para su tratamiento, a través de su firma autógrafa, firma electrónica o cualquier mecanismo de autenticación que al efecto se establezca, salvo en los casos previstos en el artículo 22 de esta Ley.

Artículo 22

El responsable no estará obligado a recabar el consentimiento del titular para el tratamiento de sus datos personales en los siguientes casos:

I. Cuando una ley así lo disponga, debiendo dichos supuestos ser acordes con las bases, principios y disposiciones establecidos en esta Ley, en ningún caso, podrán contravenirla;

II. Cuando las transferencias que se realicen entre responsables, sean sobre datos personales que se utilicen para el ejercicio de facultades propias, compatibles o análogas con la finalidad que motivó el tratamiento de los datos personales;

III. Cuando exista una orden judicial, resolución o mandato fundado y motivado de autoridad competente;

IV. Para el reconocimiento o defensa de derechos del titular ante autoridad competente;

V. Cuando los datos personales se requieran para ejercer un derecho o cumplir obligaciones derivadas de una relación jurídica entre el titular y el responsable;

VI. Cuando exista una situación de emergencia que potencialmente pueda dañar a un individuo en su persona o en sus bienes;

VII. Cuando los datos personales sean necesarios para efectuar un tratamiento para la prevención, diagnóstico, la prestación de asistencia sanitaria;

VIII. Cuando los datos personales figuren en fuentes de acceso público;

IX. Cuando los datos personales se sometan a un procedimiento previo de disociación, o

X. Cuando el titular de los datos personales sea una persona reportada como desaparecida en los términos de la ley en la materia.

Artículo 23

El responsable deberá adoptar las medidas necesarias para mantener exactos, completos, correctos y actualizados los datos personales en su posesión, a fin de que no se altere la veracidad de éstos.

Se presume que se cumple con la calidad en los datos personales cuando éstos son proporcionados directamente por el titular y hasta que éste no manifieste y acredite lo contrario.

Cuando los datos personales hayan dejado de ser necesarios para el cumplimiento de las finalidades previstas en el aviso de privacidad y que motivaron su tratamiento conforme a las disposiciones que resulten aplicables, deberán ser suprimidos, previo bloqueo en su caso, y una vez que concluya el plazo de conservación de los mismos.

Los plazos de conservación de los datos personales no deberán exceder aquéllos que sean necesarios para el cumplimiento de las finalidades que justificaron su tratamiento, y deberán atender a las disposiciones aplicables en la materia de que se trate y considerar los aspectos administrativos, contables, fiscales, jurídicos e históricos de los datos personales.

Artículo 24

El responsable deberá establecer y documentar los procedimientos para la conservación y, en su caso, bloqueo y supresión de los datos personales que lleve a cabo, en los cuales se incluyan los periodos de conservación de los mismos, de conformidad con lo dispuesto en el artículo anterior de la presente Ley.

En los procedimientos a que se refiere el párrafo anterior, el responsable deberá incluir mecanismos que le permitan cumplir con los plazos fijados para la supresión de los datos personales, así como para realizar una revisión periódica sobre la necesidad de conservar los datos personales.

Artículo 25

El responsable sólo deberá tratar los datos personales que resulten adecuados, relevantes y estrictamente necesarios para la finalidad que justifica su tratamiento.

Artículo 26

El responsable deberá informar al titular, a través del aviso de privacidad, la existencia y características principales del tratamiento al que serán sometidos sus datos personales, a fin de que pueda tomar decisiones informadas al respecto.

Por regla general, el aviso de privacidad deberá ser difundido por los medios electrónicos y físicos con que cuente el responsable.

Para que el aviso de privacidad cumpla de manera eficiente con su función de informar, deberá estar redactado y estructurado de manera clara y sencilla.

Cuando resulte imposible dar a conocer al titular el aviso de privacidad, de manera directa o ello exija esfuerzos desproporcionados, el responsable podrá instrumentar medidas compensatorias de comunicación masiva de acuerdo con los criterios que para tal efecto emita el Sistema Nacional de Transparencia, Acceso a la Información Pública y Protección de Datos Personales.

Artículo 27

El aviso de privacidad a que se refiere el artículo 3, fracción II, se pondrá a disposición del titular en dos modalidades: simplificado e integral. El aviso simplificado deberá contener la siguiente información:

I. La denominación del responsable;

II. Las finalidades del tratamiento para las cuales se obtienen los datos personales, distinguiendo aquéllas que requieran el consentimiento del titular;

III. Cuando se realicen transferencias de datos personales que requieran consentimiento, se deberá informar:

a) Las autoridades, poderes, entidades, órganos y organismos gubernamentales de los tres órdenes de gobierno y las personas físicas o morales a las que se transfieren los datos personales, y

b) Las finalidades de estas transferencias;

IV. Los mecanismos y medios disponibles para que el titular, en su caso, pueda manifestar su negativa para el tratamiento de sus datos personales para finalidades y transferencias de datos personales que requieren el consentimiento del titular, y

V. El sitio donde se podrá consultar el aviso de privacidad integral.

La puesta a disposición del aviso de privacidad al que refiere este artículo no exime al responsable de su obligación de proveer los mecanismos para que el titular pueda conocer el contenido del aviso de privacidad al que se refiere el artículo siguiente.

Los mecanismos y medios a los que se refiere la fracción IV de este artículo, deberán estar disponibles para que el titular pueda manifestar su negativa al tratamiento de sus datos personales para las finalidades o transferencias que requieran el consentimiento del titular, previo a que ocurra dicho tratamiento.

Artículo 28

El aviso de privacidad integral, además de lo dispuesto en las fracciones del artículo anterior, al que refiere la fracción V del artículo anterior deberá contener, al menos, la siguiente información:

I. El domicilio del responsable;

II. Los datos personales que serán sometidos a tratamiento, identificando aquéllos que son sensibles;

III. El fundamento legal que faculta al responsable para llevar a cabo el tratamiento;

IV. Las finalidades del tratamiento para las cuales se obtienen los datos personales, distinguiendo aquéllas que requieren el consentimiento del titular;

V. Los mecanismos, medios y procedimientos disponibles para ejercer los derechos ARCO;

VI. El domicilio de la Unidad de Transparencia, y

VII. Los medios a través de los cuales el responsable comunicará a los titulares los cambios al aviso de privacidad.

Artículo 29

El responsable deberá implementar los mecanismos previstos en el artículo 30 de la presente Ley para acreditar el cumplimiento de los principios, deberes y obligaciones establecidos en la presente Ley y rendir cuentas sobre el tratamiento de datos personales en su posesión al titular e Instituto o a los Organismos garantes, según corresponda, caso en el cual deberá observar la Constitución y los Tratados Internacionales en los que el Estado mexicano sea parte; en lo que no se contraponga con la normativa mexicana podrá valerse de estándares o mejores prácticas nacionales o internacionales para tales fines.

Artículo 30

Entre los mecanismos que deberá adoptar el responsable para cumplir con el principio de responsabilidad establecido en la presente Ley están, al menos, los siguientes:

I. Destinar recursos autorizados para tal fin para la instrumentación de programas y políticas de protección de datos personales;

II. Elaborar políticas y programas de protección de datos personales, obligatorios y exigibles al interior de la organización del responsable;

III. Poner en práctica un programa de capacitación y actualización del personal sobre las obligaciones y demás deberes en materia de protección de datos personales;

IV. Revisar periódicamente las políticas y programas de seguridad de datos personales para determinar las modificaciones que se requieran;

V. Establecer un sistema de supervisión y vigilancia interna y/o externa, incluyendo auditorías, para comprobar el cumplimiento de las políticas de protección de datos personales;

VI. Establecer procedimientos para recibir y responder dudas y quejas de los titulares;

VII. Diseñar, desarrollar e implementar sus políticas públicas, programas, servicios, sistemas o plataformas informáticas, aplicaciones electrónicas o cualquier otra tecnología que implique el tratamiento de datos personales, de conformidad con las disposiciones previstas en la presente Ley y las demás que resulten aplicables en la materia, y

VIII. Garantizar que sus políticas públicas, programas, servicios, sistemas o plataformas informáticas, aplicaciones electrónicas o cualquier otra tecnología que implique el tratamiento de datos personales, cumplan por defecto con las obligaciones previstas en la presente Ley y las demás que resulten aplicables en la materia.

CAPÍTULO II
DE LOS DEBERES

Artículo 31

Con independencia del tipo de sistema en el que se encuentren los datos personales o el tipo de tratamiento que se efectúe, el responsable deberá establecer y mantener las medidas de seguridad de carácter administrativo, físico y técnico para la protección de los datos personales, que permitan protegerlos contra daño, pérdida, alteración, destrucción o su uso, acceso o tratamiento no autorizado, así como garantizar su confidencialidad, integridad y disponibilidad.

Artículo 32

Las medidas de seguridad adoptadas por el responsable deberán considerar:

I. El riesgo inherente a los datos personales tratados;

II. La sensibilidad de los datos personales tratados;

III. El desarrollo tecnológico;

IV. Las posibles consecuencias de una vulneración para los titulares;

V. Las transferencias de datos personales que se realicen;

VI. El número de titulares;

VII. Las vulneraciones previas ocurridas en los sistemas de tratamiento, y

VIII. El riesgo por el valor potencial cuantitativo o cualitativo que pudieran tener los datos personales tratados para una tercera persona no autorizada para su posesión.

Artículo 33

Para establecer y mantener las medidas de seguridad para la protección de los datos personales, el responsable deberá realizar, al menos, las siguientes actividades interrelacionadas:

I. Crear políticas internas para la gestión y tratamiento de los datos personales, que tomen en cuenta el contexto en el que ocurren los tratamientos y el ciclo de vida de los datos personales, es decir, su obtención, uso y posterior supresión;

II. Definir las funciones y obligaciones del personal involucrado en el tratamiento de datos personales;

III. Elaborar un inventario de datos personales y de los sistemas de tratamiento;

IV. Realizar un análisis de riesgo de los datos personales, considerando las amenazas y vulnerabilidades existentes para los datos personales y los recursos involucrados en su tratamiento, como pueden ser, de manera enunciativa más no limitativa, hardware, software, personal del responsable, entre otros;

V. Realizar un análisis de brecha, comparando las medidas de seguridad existentes contra las faltantes en la organización del responsable;

VI. Elaborar un plan de trabajo para la implementación de las medidas de seguridad faltantes, así como las medidas para el cumplimiento cotidiano de las políticas de gestión y tratamiento de los datos personales;

VII. Monitorear y revisar de manera periódica las medidas de seguridad implementadas, así como las amenazas y vulneraciones a las que están sujetos los datos personales, y

VIII. Diseñar y aplicar diferentes niveles de capacitación del personal bajo su mando, dependiendo de sus roles y responsabilidades respecto del tratamiento de los datos personales.

Artículo 34

Las acciones relacionadas con las medidas de seguridad para el tratamiento de los datos personales deberán estar documentadas y contenidas en un sistema de gestión.

Se entenderá por sistema de gestión al conjunto de elementos y actividades interrelacionadas para establecer, implementar, operar, monitorear, revisar, mantener y mejorar el tratamiento y seguridad de los datos personales, de conformidad con lo previsto en la presente Ley y las demás disposiciones que le resulten aplicables en la materia.

Artículo 35

De manera particular, el responsable deberá elaborar un documento de seguridad que contenga, al menos, lo siguiente:

I. El inventario de datos personales y de los sistemas de tratamiento;

II. Las funciones y obligaciones de las personas que traten datos personales;

III. El análisis de riesgos;

IV. El análisis de brecha;
V. El plan de trabajo;
VI. Los mecanismos de monitoreo y revisión de las medidas de seguridad, y
VII. El programa general de capacitación.

Artículo 36

El responsable deberá actualizar el documento de seguridad cuando ocurran los siguientes eventos:

I. Se produzcan modificaciones sustanciales al tratamiento de datos personales que deriven en un cambio en el nivel de riesgo;

II. Como resultado de un proceso de mejora continua, derivado del monitoreo y revisión del sistema de gestión;

III. Como resultado de un proceso de mejora para mitigar el impacto de una vulneración a la seguridad ocurrida, y

IV. Implementación de acciones correctivas y preventivas ante una vulneración de seguridad.

Artículo 37

En caso de que ocurra una vulneración a la seguridad, el responsable deberá analizar las causas por las cuales se presentó e implementar en su plan de trabajo las acciones preventivas y correctivas para adecuar las medidas de seguridad y el tratamiento de los datos personales si fuese el caso a efecto de evitar que la vulneración se repita.

Artículo 38

Además de las que señalen las leyes respectivas y la normatividad aplicable, se considerarán como vulneraciones de seguridad, en cualquier fase del tratamiento de datos, al menos, las siguientes:

I. La pérdida o destrucción no autorizada;
II. El robo, extravío o copia no autorizada;
III. El uso, acceso o tratamiento no autorizado, o
IV. El daño, la alteración o modificación no autorizada.

Artículo 39

El responsable deberá llevar una bitácora de las vulneraciones a la seguridad en la que se describa ésta, la fecha en la que ocurrió, el motivo de ésta y las acciones correctivas implementadas de forma inmediata y definitiva.

Artículo 40

El responsable deberá informar sin dilación alguna al titular, y según corresponda, al Instituto y a los Organismos garantes de las Entidades Federativas, las vulneraciones que afecten de forma significativa los derechos patrimoniales o morales, en cuanto se confirme que ocurrió la vulneración y que el responsable haya empezado a tomar las acciones encaminadas a detonar un proceso de revisión exhaustiva de la magnitud de la afectación, a fin de que los titulares afectados puedan tomar las medidas correspondientes para la defensa de sus derechos.

Artículo 41

El responsable deberá informar al titular al menos lo siguiente:

I. La naturaleza del incidente;

II. Los datos personales comprometidos;

III. Las recomendaciones al titular acerca de las medidas que éste pueda adoptar para proteger sus intereses;

IV. Las acciones correctivas realizadas de forma inmediata, y

V. Los medios donde puede obtener más información al respecto.

Artículo 42

El responsable deberá establecer controles o mecanismos que tengan por objeto que todas aquellas personas que intervengan en cualquier fase del tratamiento de los datos personales, guarden confidencialidad respecto de éstos, obligación que subsistirá aún después de finalizar sus relaciones con el mismo.

Lo anterior, sin menoscabo de lo establecido en las disposiciones de acceso a la información pública.

TÍTULO TERCERO
DERECHOS DE LOS TITULARES Y SU EJERCICIO

CAPÍTULO I
DE LOS DERECHOS DE ACCESO, RECTIFICACIÓN, CANCELACIÓN Y OPOSICIÓN

Artículo 43

En todo momento el titular o su representante podrán solicitar al responsable, el acceso, rectificación, cancelación u oposición al tratamiento de los datos personales que le conciernen, de conformidad con lo establecido en el presente Título. El ejercicio de cualquiera de los derechos ARCO no es requisito previo, ni impide el ejercicio de otro.

Artículo 44

El titular tendrá derecho de acceder a sus datos personales que obren en posesión del responsable, así como conocer la información relacionada con las condiciones y generalidades de su tratamiento.

Artículo 45

El titular tendrá derecho a solicitar al responsable la rectificación o corrección de sus datos personales, cuando estos resulten ser inexactos, incompletos o no se encuentren actualizados.

Artículo 46

El titular tendrá derecho a solicitar la cancelación de sus datos personales de los archivos, registros, expedientes y sistemas del responsable, a fin de que los mismos ya no estén en su posesión y dejen de ser tratados por este último.

Artículo 47

El titular podrá oponerse al tratamiento de sus datos personales o exigir que se cese en el mismo, cuando:

I. Aun siendo lícito el tratamiento, el mismo debe cesar para evitar que su persistencia cause un daño o perjuicio al titular, y

II. Sus datos personales sean objeto de un tratamiento automatizado, el cual le produzca efectos jurídicos no deseados o afecte de manera significativa sus intereses, derechos o libertades, y estén destinados a evaluar, sin intervención humana, determinados aspectos personales del mismo o analizar o predecir, en particular, su rendimiento profesional, situación económica, estado de salud, preferencias sexuales, fiabilidad o comportamiento.

CAPÍTULO II
DEL EJERCICIO DE LOS DERECHOS DE ACCESO, RECTIFICACIÓN, CANCELACIÓN Y OPOSICIÓN

Artículo 48

La recepción y trámite de las solicitudes para el ejercicio de los derechos ARCO que se formulen a los responsables, se sujetará al procedimiento establecido en el presente Título y demás disposiciones que resulten aplicables en la materia.

Artículo 49

Para el ejercicio de los derechos ARCO será necesario acreditar la identidad del titular y, en su caso, la identidad y personalidad con la que actúe el representante.

El ejercicio de los derechos ARCO por persona distinta a su titular o a su representante, será posible, excepcionalmente, en aquellos supuestos previstos por disposición legal, o en su caso, por mandato judicial.

En el ejercicio de los derechos ARCO de menores de edad o de personas que se encuentren en estado de interdicción o incapacidad, de conformidad con las leyes civiles, se estará a las reglas de representación dispuestas en la misma legislación.

Tratándose de datos personales concernientes a personas fallecidas, la persona que acredite tener un interés jurídico, de conformidad con las leyes aplicables, podrá ejercer los derechos que le confiere el presente Capítulo, siempre que el titular de los derechos hubiere expresado fehacientemente su voluntad en tal sentido o que exista un mandato judicial para dicho efecto.

Artículo 50

El ejercicio de los derechos ARCO deberá ser gratuito. Sólo podrán realizarse cobros para recuperar los costos de reproducción, certificación o envío, conforme a la normatividad que resulte aplicable.

Para efectos de acceso a datos personales, las leyes que establezcan los costos de reproducción y certificación deberán considerar en su determinación que los montos permitan o faciliten el ejercicio de este derecho.

Cuando el titular proporcione el medio magnético, electrónico o el mecanismo necesario para reproducir los datos personales, los mismos deberán ser entregados sin costo a éste.

La información deberá ser entregada sin costo, cuando implique la entrega de no más de veinte hojas simples. Las unidades de transparencia podrán exceptuar el pago de reproducción y envío atendiendo a las circunstancias socioeconómicas del titular.

El responsable no podrá establecer para la presentación de las solicitudes del ejercicio de los derechos ARCO algún servicio o medio que implique un costo al titular.

Artículo 51

El responsable deberá establecer procedimientos sencillos que permitan el ejercicio de los derechos ARCO, cuyo plazo de respuesta no deberá exceder de veinte días contados a partir del día siguiente a la recepción de la solicitud.

El plazo referido en el párrafo anterior podrá ser ampliado por una sola vez hasta por diez días cuando así lo justifiquen las circunstancias, y siempre y cuando se le notifique al titular dentro del plazo de respuesta.

En caso de resultar procedente el ejercicio de los derechos ARCO, el responsable deberá hacerlo efectivo en un plazo que no podrá exceder de quince días contados a partir del día siguiente en que se haya notificado la respuesta al titular.

Artículo 52

En la solicitud para el ejercicio de los derechos ARCO no podrán imponerse mayores requisitos que los siguientes:

I. El nombre del titular y su domicilio o cualquier otro medio para recibir notificaciones;

II. Los documentos que acrediten la identidad del titular y, en su caso, la personalidad e identidad de su representante;

III. De ser posible, el área responsable que trata los datos personales y ante el cual se presenta la solicitud;

IV. La descripción clara y precisa de los datos personales respecto de los que se busca ejercer alguno de los derechos ARCO, salvo que se trate del derecho de acceso;

V. La descripción del derecho ARCO que se pretende ejercer, o bien, lo que solicita el titular, y

VI. Cualquier otro elemento o documento que facilite la localización de los datos personales, en su caso.

Tratándose de una solicitud de acceso a datos personales, el titular deberá señalar la modalidad en la que prefiere que éstos se reproduzcan. El responsable deberá atender la solicitud en la modalidad requerida por el titular, salvo que exista una imposibilidad física o jurídica que lo limite a reproducir los datos personales en dicha modalidad, en este caso deberá ofrecer otras modalidades de entrega de los datos personales fundando y motivando dicha actuación.

En caso de que la solicitud de protección de datos no satisfaga alguno de los requisitos a que se refiere este artículo, y el Instituto o los organismos garantes no cuenten con elementos para subsanarla, se prevendrá al titular de los datos dentro de los cinco días siguientes a la presentación de la solicitud de ejercicio de los derechos ARCO, por una sola ocasión, para que subsane las omisiones dentro de un plazo de diez días contados a partir del día siguiente al de la notificación.

Transcurrido el plazo sin desahogar la prevención se tendrá por no presentada la solicitud de ejercicio de los derechos ARCO.

La prevención tendrá el efecto de interrumpir el plazo que tiene el Instituto, o en su caso, los organismos garantes, para resolver la solicitud de ejercicio de los derechos ARCO.

Con relación a una solicitud de cancelación, el titular deberá señalar las causas que lo motiven a solicitar la supresión de sus datos personales en los archivos, registros o bases de datos del responsable.

En el caso de la solicitud de oposición, el titular deberá manifestar las causas legítimas o la situación específica que lo llevan a solicitar el cese en el tratamiento, así como el daño o perjuicio que le causaría la persistencia del tratamiento, o en su caso, las finalidades específicas respecto de las cuales requiere ejercer el derecho de oposición.

Las solicitudes para el ejercicio de los derechos ARCO deberán presentarse ante la Unidad de Transparencia del responsable, que el titular considere competente, a través de escrito libre, formatos, medios electrónicos o cualquier otro medio que al efecto establezca el Instituto y los Organismos garantes, en el ámbito de sus respectivas competencias.

El responsable deberá dar trámite a toda solicitud para el ejercicio de los derechos ARCO y entregar el acuse de recibo que corresponda.

El Instituto y los Organismos garantes, según corresponda, podrán establecer formularios, sistemas y otros métodos simplificados para facilitar a los titulares el ejercicio de los derechos ARCO.

Los medios y procedimientos habilitados por el responsable para atender las solicitudes para el ejercicio de los derechos ARCO deberán ser de fácil acceso y con la mayor cobertura posible considerando el perfil de los titulares y la forma en que mantienen contacto cotidiano o común con el responsable.

Artículo 53

Cuando el responsable no sea competente para atender la solicitud para el ejercicio de los derechos ARCO, deberá hacer del conocimiento del titular dicha situación dentro de los tres días siguientes a la presentación de la solicitud, y en caso de poderlo determinar, orientarlo hacia el responsable competente.

En caso de que el responsable declare inexistencia de los datos personales en sus archivos, registros, sistemas o expediente, dicha declaración deberá constar en una resolución del Comité de Transparencia que confirme la inexistencia de los datos personales.

En caso de que el responsable advierta que la solicitud para el ejercicio de los derechos ARCO corresponda a un derecho diferente de los previstos en la presente Ley, deberá reconducir la vía haciéndolo del conocimiento al titular.

Artículo 54

Cuando las disposiciones aplicables a determinados tratamientos de datos personales establezcan un trámite o procedimiento específico para solicitar el ejercicio de los derechos ARCO, el responsable deberá informar al titular sobre la existencia del mismo, en un plazo no mayor a cinco días siguientes a la presentación de la solicitud para el ejercicio de los derechos ARCO, a efecto de que este último decida si ejerce sus derechos a través del trámite específico, o bien, por medio del procedimiento que el responsable haya institucionalizado para la atención de solicitudes para el ejercicio de los derechos ARCO conforme a las disposiciones establecidas en este Capítulo.

Artículo 55

Las únicas causas en las que el ejercicio de los derechos ARCO no será procedente son:

I. Cuando el titular o su representante no estén debidamente acreditados para ello;

II. Cuando los datos personales no se encuentren en posesión del responsable;

III. Cuando exista un impedimento legal;

IV. Cuando se lesionen los derechos de un tercero;

V. Cuando se obstaculicen actuaciones judiciales o administrativas;

VI. Cuando exista una resolución de autoridad competente que restrinja el acceso a los datos personales o no permita la rectificación, cancelación u oposición de los mismos;

VII. Cuando la cancelación u oposición haya sido previamente realizada;

VIII. Cuando el responsable no sea competente;

IX. Cuando sean necesarios para proteger intereses jurídicamente tutelados del titular;

X. Cuando sean necesarios para dar cumplimiento a obligaciones legalmente adquiridas por el titular;

XI. Cuando en función de sus atribuciones legales el uso cotidiano, resguardo y manejo sean necesarios y proporcionales para mantener la integridad, estabilidad y permanencia del Estado mexicano, o

XII. Cuando los datos personales sean parte de la información que las entidades sujetas a la regulación y supervisión financiera del sujeto obligado hayan proporcionado a éste, en cumplimiento a requerimientos de dicha información sobre sus operaciones, organización y actividades.

En todos los casos anteriores, el responsable deberá informar al titular el motivo de su determinación, en el plazo de hasta veinte días a los que se refiere el primer párrafo del artículo 51 de la presente Ley y demás disposiciones aplicables, y por el mismo medio en que se llevó a cabo la solicitud, acompañando en su caso, las pruebas que resulten pertinentes.

Artículo 56

Contra la negativa de dar trámite a toda solicitud para el ejercicio de los derechos ARCO o por falta de respuesta del responsable, procederá la interposición del recurso de revisión a que se refiere el artículo 94 de la presente Ley.

CAPÍTULO III
DE LA PORTABILIDAD DE LOS DATOS

Artículo 57

Cuando se traten datos personales por vía electrónica en un formato estructurado y comúnmente utilizado, el titular tendrá derecho a obtener del responsable una copia de los datos objeto de tratamiento en un formato electrónico estructurado y comúnmente utilizado que le permita seguir utilizándolos.

Cuando el titular haya facilitado los datos personales y el tratamiento se base en el consentimiento o en un contrato, tendrá derecho a transmitir dichos datos personales y cualquier otra información que haya facilitado y que se conserve en un sistema de tratamiento automatizado a otro sistema en un formato electrónico comúnmente utilizado, sin impedimentos por parte del responsable del tratamiento de quien se retiren los datos personales.

El Sistema Nacional establecerá mediante lineamientos los parámetros a considerar para determinar los supuestos en los que se está en presencia de un formato estructurado y comúnmente utilizado, así como las normas técnicas, modalidades y procedimientos para la transferencia de datos personales.

TÍTULO CUARTO
RELACIÓN DEL RESPONSABLE Y ENCARGADO

CAPÍTULO ÚNICO
RESPONSABLE Y ENCARGADO

Artículo 58

El encargado deberá realizar las actividades de tratamiento de los datos personales sin ostentar poder alguno de decisión sobre el alcance y contenido del mismo, así como limitar sus actuaciones a los términos fijados por el responsable.

Artículo 59

La relación entre el responsable y el encargado deberá estar formalizada mediante contrato o cualquier otro instrumento jurídico que decida el responsable, de conformidad con la normativa que le resulte aplicable, y que permita acreditar su existencia, alcance y contenido.

En el contrato o instrumento jurídico que decida el responsable se deberán prever, al menos, las siguientes cláusulas generales relacionadas con los servicios que preste el encargado:

I. Realizar el tratamiento de los datos personales conforme a las instrucciones del responsable;

II. Abstenerse de tratar los datos personales para finalidades distintas a las instruidas por el responsable;

III. Implementar las medidas de seguridad conforme a los instrumentos jurídicos aplicables;

IV. Informar al responsable cuando ocurra una vulneración a los datos personales que trata por sus instrucciones;

V. Guardar confidencialidad respecto de los datos personales tratados;

VI. Suprimir o devolver los datos personales objeto de tratamiento una vez cumplida la relación jurídica con el responsable, siempre y cuando no exista una previsión legal que exija la conservación de los datos personales, y

VII. Abstenerse de transferir los datos personales salvo en el caso de que el responsable así lo determine, o la comunicación derive de una subcontratación, o por mandato expreso de la autoridad competente.

Los acuerdos entre el responsable y el encargado relacionados con el tratamiento de datos personales no deberán contravenir la presente Ley y demás disposiciones aplicables, así como lo establecido en el aviso de privacidad correspondiente.

Artículo 60

Cuando el encargado incumpla las instrucciones del responsable y decida por sí mismo sobre el tratamiento de los datos personales, asumirá el carácter de responsable conforme a la legislación en la materia que le resulte aplicable.

Artículo 61

El encargado podrá, a su vez, subcontratar servicios que impliquen el tratamiento de datos personales por cuenta del responsable, siempre y cuando medie la autorización expresa de este último. El subcontratado asumirá el carácter de encargado en los términos de la presente la (sic) Ley y demás disposiciones que resulten aplicables en la materia.

Cuando el contrato o el instrumento jurídico mediante el cual se haya formalizado la relación entre el responsable y el encargado, prevea que este último pueda llevar a cabo a su vez las subcontrataciones de servicios, la autorización a la que refiere el párrafo anterior se entenderá como otorgada a través de lo estipulado en éstos.

Artículo 62

Una vez obtenida la autorización expresa del responsable, el encargado deberá formalizar la relación adquirida con el subcontratado a través de un contrato o cualquier otro instrumento jurídico que decida, de conformidad con la normatividad que le resulte aplicable, y permita acreditar la existencia, alcance y contenido de la prestación del servicio en términos de lo previsto en el presente Capítulo.

Artículo 63

El responsable podrá contratar o adherirse a servicios, aplicaciones e infraestructura en el cómputo en la nube, y otras materias que impliquen el tratamiento de datos personales, siempre y cuando el proveedor externo garantice políticas de protección de datos personales equivalentes a los principios y deberes establecidos en la presente Ley y demás disposiciones que resulten aplicables en la materia.

En su caso, el responsable deberá delimitar el tratamiento de los datos personales por parte del proveedor externo a través de cláusulas contractuales u otros instrumentos jurídicos.

Artículo 64

Para el tratamiento de datos personales en servicios, aplicaciones e infraestructura de cómputo en la nube y otras materias, en los que el responsable se adhiera a los mismos mediante condiciones o cláusulas generales de contratación, sólo podrá utilizar aquellos servicios en los que el proveedor:

I. Cumpla, al menos, con lo siguiente:

a) Tener y aplicar políticas de protección de datos personales afines a los principios y deberes aplicables que establece la presente Ley y demás normativa aplicable;

b) Transparentar las subcontrataciones que involucren la información sobre la que se presta el servicio;

c) Abstenerse de incluir condiciones en la prestación del servicio que le autoricen o permitan asumir la titularidad o propiedad de la información sobre la que preste el servicio, y

d) Guardar confidencialidad respecto de los datos personales sobre los que se preste el servicio;

II. Cuente con mecanismos, al menos, para:

a) Dar a conocer cambios en sus políticas de privacidad o condiciones del servicio que presta;

b) Permitir al responsable limitar el tipo de tratamiento de los datos personales sobre los que se presta el servicio;

c) Establecer y mantener medidas de seguridad para la protección de los datos personales sobre los que se preste el servicio;

d) Garantizar la supresión de los datos personales una vez que haya concluido el servicio prestado al responsable y que este último haya podido recuperarlos, y

e) Impedir el acceso a los datos personales a personas que no cuenten con privilegios de acceso, o bien, en caso de que sea a solicitud fundada y motivada de autoridad competente, informar de ese hecho al responsable.

En cualquier caso, el responsable no podrá adherirse a servicios que no garanticen la debida protección de los datos personales, conforme a la presente Ley y demás disposiciones que resulten aplicables en la materia.

TÍTULO QUINTO
COMUNICACIONES DE DATOS PERSONALES

CAPÍTULO ÚNICO
DE LAS TRANSFERENCIAS Y REMISIONES DE DATOS PERSONALES

Artículo 65

Toda transferencia de datos personales, sea ésta nacional o internacional, se encuentra sujeta al consentimiento de su titular, salvo las excepciones previstas en los artículos 22, 66 y 70 de esta Ley.

Artículo 66

Toda transferencia deberá formalizarse mediante la suscripción de cláusulas contractuales, convenios de colaboración o cualquier otro instrumento jurídico, de conformidad con la normatividad que le resulte aplicable al responsable, que permita demostrar el alcance del tratamiento de los datos personales, así como las obligaciones y responsabilidades asumidas por las partes.

Lo dispuesto en el párrafo anterior, no será aplicable en los siguientes casos:

I. Cuando la transferencia sea nacional y se realice entre responsables en virtud del cumplimiento de una disposición legal o en el ejercicio de atribuciones expresamente conferidas a éstos, o

II. Cuando la transferencia sea internacional y se encuentre prevista en una ley o tratado suscrito y ratificado por México, o bien, se realice a petición de una autoridad extranjera u organismo internacional competente en su carácter de receptor, siempre y cuando las facultades entre el responsable transferente y receptor sean homólogas, o bien, las finalidades que motivan la transferencia sean análogas o compatibles respecto de aquéllas que dieron origen al tratamiento del responsable transferente.

Artículo 67

Cuando la transferencia sea nacional, el receptor de los datos personales deberá tratar los datos personales, comprometiéndose a garantizar su confidencialidad y únicamente los utilizará para los fines que fueron transferidos atendiendo a lo convenido en el aviso de privacidad que le será comunicado por el responsable transferente.

Artículo 68

El responsable sólo podrá transferir o hacer remisión de datos personales fuera del territorio nacional cuando el tercero receptor o el encargado se obligue a proteger los datos personales conforme a los principios y deberes que establece la presente Ley y las disposiciones que resulten aplicables en la materia.

Artículo 69

En toda transferencia de datos personales, el responsable deberá comunicar al receptor de los datos personales el aviso de privacidad conforme al cual se tratan los datos personales frente al titular.

Artículo 70

El responsable podrá realizar transferencias de datos personales sin necesidad de requerir el consentimiento del titular, en los siguientes supuestos:

I. Cuando la transferencia esté prevista en esta Ley u otras leyes, convenios o Tratados Internacionales suscritos y ratificados por México;

II. Cuando la transferencia se realice entre responsables, siempre y cuando los datos personales se utilicen para el ejercicio de facultades propias, compatibles o análogas con la finalidad que motivó el tratamiento de los datos personales;

III. Cuando la transferencia sea legalmente exigida para la investigación y persecución de los delitos, así como la procuración o administración de justicia;

IV. Cuando la transferencia sea precisa para el reconocimiento, ejercicio o defensa de un derecho ante autoridad competente, siempre y cuando medie el requerimiento de esta última;

V. Cuando la transferencia sea necesaria para la prevención o el diagnóstico médico, la prestación de asistencia sanitaria, tratamiento médico o la gestión de servicios sanitarios, siempre y cuando dichos fines sean acreditados;

VI. Cuando la transferencia sea precisa para el mantenimiento o cumplimiento de una relación jurídica entre el responsable y el titular;

VII. Cuando la transferencia sea necesaria por virtud de un contrato celebrado o por celebrar en interés del titular, por el responsable y un tercero;

VIII. Cuando se trate de los casos en los que el responsable no esté obligado a recabar el consentimiento del titular para el tratamiento y transmisión de sus datos personales, conforme a lo dispuesto en el artículo 22 de la presente Ley, o

IX. Cuando la transferencia sea necesaria por razones de seguridad nacional.

La actualización de algunas de las excepciones previstas en este artículo, no exime al responsable de cumplir con las obligaciones previstas en el presente Capítulo que resulten aplicables.

Artículo 71

Las remisiones nacionales e internacionales de datos personales que se realicen entre responsable y encargado no requerirán ser informadas al titular, ni contar con su consentimiento.

TÍTULO SEXTO
ACCIONES PREVENTIVAS EN MATERIA DE PROTECCIÓN DE DATOS PERSONALES

CAPÍTULO I
DE LAS MEJORES PRÁCTICAS

Artículo 72

Para el cumplimiento de las obligaciones previstas en la presente Ley, el responsable podrá desarrollar o adoptar, en lo individual o en acuerdo con otros responsables, encargados u organizaciones, esquemas de mejores prácticas que tengan por objeto:

I. Elevar el nivel de protección de los datos personales;

II. Armonizar el tratamiento de datos personales en un sector específico;

III. Facilitar el ejercicio de los derechos ARCO por parte de los titulares;

IV. Facilitar las transferencias de datos personales;

V. Complementar las disposiciones previstas en la normatividad que resulte aplicable en materia de protección de datos personales, y

VI. Demostrar ante el Instituto o, en su caso, los Organismos garantes, el cumplimiento de la normatividad que resulte aplicable en materia de protección de datos personales.

Artículo 73

Todo esquema de mejores prácticas que busque la validación o reconocimiento por parte del Instituto o, en su caso, de los Organismos garantes deberá:

I. Cumplir con los parámetros que para tal efecto emitan, según corresponda, el Instituto y los Organismos garantes conforme a los criterios que fije el primero, y

II. Ser notificado ante el Instituto o, en su caso, los Organismos garantes de conformidad con el procedimiento establecido en los parámetros señalados en la fracción anterior, a fin de que sean evaluados y, en su caso, validados o reconocidos e inscritos en el registro al que refiere el último párrafo de este artículo.

El Instituto y los Organismos garantes, según corresponda, deberán emitir las reglas de operación de los registros en los que se inscribirán aquellos esquemas de mejores prácticas validados o reconocidos. Los Organismos garantes, podrán inscribir los esquemas de mejores prácticas que hayan reconocido o validado en el registro administrado por el Instituto, de acuerdo con las reglas que fije este último.

Artículo 74

Cuando el responsable pretenda poner en operación o modificar políticas públicas, sistemas o plataformas informáticas, aplicaciones electrónicas o cualquier otra tecnología que a su juicio y de conformidad con esta Ley impliquen el tratamiento intensivo o relevante de datos personales, deberá realizar una Evaluación de impacto en la protección de datos personales, y presentarla ante el Instituto o los Organismos garantes, según corresponda, los cuales podrán emitir recomendaciones no vinculantes especializadas en la materia de protección de datos personales.

El contenido de la evaluación de impacto a la protección de datos personales deberá determinarse por el Sistema Nacional de Transparencia, Acceso a la Información Pública y Protección de Datos Personales.

Artículo 75

Para efectos de esta Ley se considerará que se está en presencia de un tratamiento intensivo o relevante de datos personales cuando:

I. Existan riesgos inherentes a los datos personales a tratar;

II. Se traten datos personales sensibles, y

III. Se efectúen o pretendan efectuar transferencias de datos personales.

Artículo 76

El Sistema Nacional podrá emitir criterios adicionales con sustento en parámetros objetivos que determinen que se está en presencia de un tratamiento intensivo o relevante de datos personales, de conformidad con lo dispuesto en el artículo anterior, en función de:

I. El número de titulares;

II. El público objetivo;

III. El desarrollo de la tecnología utilizada, y

IV. La relevancia del tratamiento de datos personales en atención al impacto social o, económico del mismo, o bien, del interés público que se persigue.

Artículo 77

Los sujetos obligados que realicen una Evaluación de impacto en la protección de datos personales, deberán presentarla ante el Instituto o los Organismos garantes, según corresponda, treinta días anteriores a la fecha en que se pretenda poner en operación o modificar políticas públicas, sistemas o plataformas informáticas, aplicaciones electrónicas o cualquier otra tecnología, ante el Instituto o los organismos garantes, según corresponda, a efecto de que emitan las recomendaciones no vinculantes correspondientes.

Artículo 78

El Instituto y los Organismos garantes, según corresponda, deberán emitir, de ser el caso, recomendaciones no vinculantes sobre la Evaluación de impacto en la protección de datos personales presentado por el responsable.

El plazo para la emisión de las recomendaciones a que se refiere el párrafo anterior será dentro de los treinta días siguientes contados a partir del día siguiente a la presentación de la evaluación.

Artículo 79

Cuando a juicio del sujeto obligado se puedan comprometer los efectos que se pretenden lograr con la posible puesta en operación o modificación de políticas públicas, sistemas o plataformas informáticas, aplicaciones electrónicas o cualquier otra tecnología que implique el tratamiento intensivo o relevante de datos personales o se trate de situaciones de emergencia o urgencia, no será necesario realizar la Evaluación de impacto en la protección de datos personales.

CAPÍTULO II
DE LAS BASES DE DATOS EN POSESIÓN DE INSTANCIAS DE SEGURIDAD, PROCURACIÓN Y ADMINISTRACIÓN DE JUSTICIA

Artículo 80

La obtención y tratamiento de datos personales, en términos de lo que dispone esta Ley, por parte de las sujetos obligados competentes en instancias de seguridad, procuración y administración de justicia, está limitada a aquellos supuestos y categorías de datos que resulten necesarios y proporcionales para el ejercicio de las funciones en materia de seguridad nacional, seguridad pública, o para la prevención o persecución de los delitos. Deberán ser almacenados en las bases de datos establecidas para tal efecto.

Las autoridades que accedan y almacenen los datos personales que se recaben por los particulares en cumplimiento de las disposiciones legales correspondientes, deberán cumplir con las disposiciones señaladas en el presente Capítulo.

Artículo 81

En el tratamiento de datos personales así como en el uso de las bases de datos para su almacenamiento, que realicen los sujetos obligados competentes de las instancias de seguridad, procuración y administración de justicia deberá cumplir con los principios establecidos en el Título Segundo de la presente Ley.

Las comunicaciones privadas son inviolables. Exclusivamente la autoridad judicial federal, a petición de la autoridad federal que faculte la ley o del titular del Ministerio Público de la entidad federativa correspondiente, podrá autorizar la intervención de cualquier comunicación privada.

Artículo 82

Los responsables de las bases de datos a que se refiere este Capítulo, deberán establecer medidas de seguridad de nivel alto, para garantizar la integridad, disponibilidad y confidencialidad de la información, que permitan proteger los datos personales contra daño, pérdida, alteración, destrucción o el uso, acceso o tratamiento no autorizado.

TÍTULO SÉPTIMO
RESPONSABLES EN MATERIA DE PROTECCIÓN DE DATOS PERSONALES EN POSESIÓN DE LOS SUJETOS OBLIGADOS

CAPÍTULO I
COMITÉ DE TRANSPARENCIA

Artículo 83

Cada responsable contará con un Comité de Transparencia, el cual se integrará y funcionará conforme a lo dispuesto en la Ley General de Transparencia y Acceso a la Información Pública y demás normativa aplicable.

El Comité de Transparencia será la autoridad máxima en materia de protección de datos personales.

Artículo 84

Para los efectos de la presente Ley y sin perjuicio de otras atribuciones que le sean conferidas en la normatividad que le resulte aplicable, el Comité de Transparencia tendrá las siguientes funciones:

I. Coordinar, supervisar y realizar las acciones necesarias para garantizar el derecho a la protección de los datos personales en la organización del responsable, de conformidad con las disposiciones previstas en la presente Ley y en aquellas disposiciones que resulten aplicables en la materia;

II. Instituir, en su caso, procedimientos internos para asegurar la mayor eficiencia en la gestión de las solicitudes para el ejercicio de los derechos ARCO;

III. Confirmar, modificar o revocar las determinaciones en las que se declare la inexistencia de los datos personales, o se niegue por cualquier causa el ejercicio de alguno de los derechos ARCO;

IV. Establecer y supervisar la aplicación de criterios específicos que resulten necesarios para una mejor observancia de la presente Ley y en aquellas disposiciones que resulten aplicables en la materia;

V. Supervisar, en coordinación con las áreas o unidades administrativas competentes, el cumplimiento de las medidas, controles y acciones previstas en el documento de seguridad;

VI. Dar seguimiento y cumplimiento a las resoluciones emitidas por el Instituto y los organismos garantes, según corresponda;

VII. Establecer programas de capacitación y actualización para los servidores públicos en materia de protección de datos personales, y

VIII. Dar vista al órgano interno de control o instancia equivalente en aquellos casos en que tenga conocimiento, en el ejercicio de sus atribuciones, de una presunta irregularidad respecto de determinado tratamiento de datos personales; particularmente en casos relacionados con la declaración de inexistencia que realicen los responsables.

CAPÍTULO II
DE LA UNIDAD DE TRANSPARENCIA

Artículo 85

Cada responsable contará con una Unidad de Transparencia, se integrará y funcionará conforme a lo dispuesto en la Ley General de Transparencia y Acceso a la Información Pública, esta Ley y demás normativa aplicable, que tendrá las siguientes funciones:

I. Auxiliar y orientar al titular que lo requiera con relación al ejercicio del derecho a la protección de datos personales;

II. Gestionar las solicitudes para el ejercicio de los derechos ARCO;

III. Establecer mecanismos para asegurar que los datos personales solo se entreguen a su titular o su representante debidamente acreditados;

IV. Informar al titular o su representante el monto de los costos a cubrir por la reproducción y envío de los datos personales, con base en lo establecido en las disposiciones normativas aplicables;

V. Proponer al Comité de Transparencia los procedimientos internos que aseguren y fortalezcan mayor eficiencia en la gestión de las solicitudes para el ejercicio de los derechos ARCO;

VI. Aplicar instrumentos de evaluación de calidad sobre la gestión de las solicitudes para el ejercicio de los derechos ARCO, y

VII. Asesorar a las áreas adscritas al responsable en materia de protección de datos personales.

Los responsables que en el ejercicio de sus funciones sustantivas lleven a cabo tratamientos de datos personales relevantes o intensivos, podrán designar a un oficial de protección de datos personales, especializado en la materia, quien realizará las atribuciones mencionadas en este artículo y formará parte de la Unidad de Transparencia.

Los sujetos obligados promoverán acuerdos con instituciones públicas especializadas que pudieran auxiliarles a la recepción, trámite y entrega de las respuestas a solicitudes de información, en la lengua indígena, braille o cualquier formato accesible correspondiente, en forma más eficiente.

Artículo 86

El responsable procurará que las personas con algún tipo de discapacidad o grupos vulnerables, puedan ejercer, en igualdad de circunstancias, su derecho a la protección de datos personales.

Artículo 87

En la designación del titular de la Unidad de Transparencia, el responsable estará a lo dispuesto en la Ley General de Transparencia y Acceso a la Información Pública y demás normativa aplicable.

TÍTULO OCTAVO
ORGANISMOS GARANTES

CAPÍTULO I
DEL INSTITUTO NACIONAL DE TRANSPARENCIA, ACCESO A LA INFORMACIÓN Y PROTECCIÓN DE DATOS PERSONALES

Artículo 88

En la integración, procedimiento de designación y funcionamiento del Instituto y del Consejo Consultivo se estará a lo dispuesto por la Ley General de Transparencia y Acceso a la Información Pública, la Ley Federal de Transparencia y Acceso a la Información Pública y demás normativa aplicable.

Artículo 89

Además de las facultades que le son conferidas en la Ley General de Transparencia y Acceso a la Información Pública, la Ley Federal de Transparencia y Acceso a la Información Pública y demás normatividad que le resulte aplicable, el Instituto tendrá las siguientes atribuciones:

I. Garantizar el ejercicio del derecho a la protección de datos personales en posesión de sujetos obligados;

II. Interpretar la presente Ley en el ámbito administrativo;

III. Conocer y resolver los recursos de revisión que interpongan los titulares, en términos de lo dispuesto en la presente Ley y demás disposiciones que resulten aplicables en la materia;

IV. Conocer y resolver, de oficio o a petición fundada por los organismos garantes, los recursos de revisión que por su interés y trascendencia así lo ameriten, en términos de lo dispuesto en la presente Ley y demás disposiciones que resulten aplicables en la materia;

V. Conocer y resolver los recursos de inconformidad que interpongan los titulares, en contra de las resoluciones emitidas por los organismos garantes, de conformidad con lo dispuesto en la presente Ley y demás disposiciones que resulten aplicables en la materia;

VI. Conocer, sustanciar y resolver los procedimientos de verificación;

VII. Establecer y ejecutar las medidas de apremio previstas en términos de lo dispuesto por la presente Ley y demás disposiciones que resulten aplicables en la materia;

VIII. Denunciar ante las autoridades competentes las presuntas infracciones a la presente Ley y, en su caso, aportar las pruebas con las que cuente;

IX. Coordinarse con las autoridades competentes para que las solicitudes para el ejercicio de los derechos ARCO y los recursos de revisión que se presenten en lengua indígena, sean atendidos en la misma lengua;

X. Garantizar, en el ámbito de su respectiva competencia, condiciones de accesibilidad para que los titulares que pertenecen a grupos vulnerables puedan ejercer, en igualdad de circunstancias, su derecho a la protección de datos personales;

XI. Elaborar y publicar estudios e investigaciones para difundir y ampliar el conocimiento sobre la materia de la presente Ley;

XII. Proporcionar apoyo técnico a los responsables para el cumplimiento de las obligaciones establecidas en la presente Ley;

XIII. Divulgar y emitir recomendaciones, estándares y mejores prácticas en las materias reguladas por la presente Ley;

XIV. Vigilar y verificar el cumplimiento de las disposiciones contenidas en la presente Ley;

XV. Administrar el registro de esquemas de mejores prácticas a que se refiere la presente Ley y emitir sus reglas de operación;

XVI. Emitir, en su caso, las recomendaciones no vinculantes correspondientes a la Evaluación de impacto en la protección de datos personales que le sean presentadas;

XVII. Emitir disposiciones generales para el desarrollo del procedimiento de verificación;

XVIII. Realizar las evaluaciones correspondientes a los esquemas de mejores prácticas que les sean notificados, a fin de resolver sobre la procedencia de su reconocimiento o validación e inscripción en el registro de esquemas de mejores prácticas, así como promover la adopción de los mismos;

XIX. Emitir, en el ámbito de su competencia, las disposiciones administrativas de carácter general para el debido cumplimiento de los principios, deberes y obligaciones que establece la presente Ley, así como para el ejercicio de los derechos de los titulares;

XX. Celebrar convenios con los responsables para desarrollar programas que tengan por objeto homologar tratamientos de datos personales en sectores específicos, elevar la protección de los datos personales y realizar cualquier mejora a las prácticas en la materia;

XXI. Definir y desarrollar el sistema de certificación en materia de protección de datos personales, de conformidad con lo que se establezca en los parámetros a que se refiere la presente Ley;

XXII. Presidir el Sistema Nacional a que se refiere el artículo 10 de la presente Ley;

XXIII. Celebrar convenios con los organismos garantes que coadyuven al cumplimiento de los objetivos previstos en la presente Ley y demás disposiciones que resulten aplicables en la materia;

XXIV. Llevar a cabo acciones y actividades que promuevan el conocimiento del derecho a la protección de datos personales, así como de sus prerrogativas;

XXV. Diseñar y aplicar indicadores y criterios para evaluar el desempeño de los responsables respecto al cumplimiento de la presente Ley y demás disposiciones que resulten aplicables en la materia;

XXVI. Promover la capacitación y actualización en materia de protección de datos personales entre los responsables;

XXVII. Emitir lineamientos generales para el debido tratamiento de los datos personales;

XXVIII. Emitir lineamientos para homologar el ejercicio de los derechos ARCO;

XXIX. Emitir criterios generales de interpretación para garantizar el derecho a la protección de datos personales;

XXX. Cooperar con otras autoridades de supervisión y organismos nacionales e internacionales, a efecto de coadyuvar en materia de protección de datos personales, de conformidad con las disposiciones previstas en la presente Ley y demás normativa aplicable;

XXXI. Promover e impulsar el ejercicio y tutela del derecho a la protección de datos personales a través de la implementación y administración de la Plataforma Nacional, a que se refiere la Ley General de Transparencia y Acceso a la Información Pública y demás normativa aplicable;

XXXII. Interponer, cuando así lo aprueben la mayoría de sus Comisionados, acciones de inconstitucionalidad en contra de leyes de carácter federal o estatal, así como de los Tratados Internacionales celebrados por el Ejecutivo Federal y aprobados por el Senado de la República, que vulneren el derecho a la protección de datos personales;

XXXIII. Promover, cuando así lo aprueben la mayoría de sus Comisionados, las controversias constitucionales en términos del artículo 105, fracción I, inciso l), de la Constitución Política de los Estados Unidos Mexicanos;

XXXIV. Cooperar con otras autoridades nacionales o internacionales para combatir conductas relacionadas con el indebido tratamiento de datos personales;

XXXV. Diseñar, vigilar y, en su caso, operar el sistema de buenas prácticas en materia de protección de datos personales, así como el sistema de certificación en la materia, a través de normativa que el Instituto emita para tales fines;

XXXVI. Celebrar convenios con los organismos garantes y responsables que coadyuven al cumplimiento de los objetivos previstos en la presente Ley y demás disposiciones que resulten aplicables en la materia, y

XXXVII. Las demás que le confiera la presente Ley y demás ordenamientos aplicables.

CAPÍTULO II
DE LOS ORGANISMOS GARANTES

Artículo 90

En la integración, procedimiento de designación y funcionamiento de los organismos garantes se estará a lo dispuesto por la Ley General de Transparencia y Acceso a la Información Pública y demás normativa aplicable.

Artículo 91

Para los efectos de la presente Ley y sin perjuicio de otras atribuciones que les sean conferidas en la normatividad que les resulte aplicable, los organismos garantes tendrán las siguientes atribuciones:

I. Conocer, sustanciar y resolver, en el ámbito de sus respectivas competencias, de los recursos de revisión interpuestos por los titulares, en términos de lo dispuesto en la presente Ley y demás disposiciones que resulten aplicables en la materia;

II. Presentar petición fundada al Instituto, para que conozca de los recursos de revisión que por su interés y trascendencia así lo ameriten, en términos de lo previsto en la presente Ley y demás disposiciones que resulten aplicables en la materia;

III. Imponer las medidas de apremio para asegurar el cumplimiento de sus resoluciones;

IV. Promover y difundir el ejercicio del derecho a la protección de datos personales;

V. Coordinarse con las autoridades competentes para que las solicitudes para el ejercicio de los derechos ARCO y los recursos de revisión que se presenten en lenguas indígenas, sean atendidos en la misma lengua;

VI. Garantizar, en el ámbito de sus respectivas competencias, condiciones de accesibilidad para que los titulares que pertenecen a grupos vulnerables puedan ejercer, en igualdad de circunstancias, su derecho a la protección de datos personales;

VII. Elaborar y publicar estudios e investigaciones para difundir y ampliar el conocimiento sobre la materia de la presente Ley;

VIII. Hacer del conocimiento de las autoridades competentes, la probable responsabilidad derivada del incumplimiento de las obligaciones previstas en la presente Ley y en las demás disposiciones que resulten aplicables;

IX. Proporcionar al Instituto los elementos que requiera para resolver los recursos de inconformidad que le sean presentados, en términos de lo previsto en el Título Noveno, Capítulo II de la presente Ley y demás disposiciones que resulten aplicables en la materia;

X. Suscribir convenios de colaboración con el Instituto para el cumplimiento de los objetivos previstos en la presente Ley y demás disposiciones aplicables;

XI. Vigilar, en el ámbito de sus respectivas competencias, el cumplimiento de la presente Ley y demás disposiciones que resulten aplicables en la materia;

XII. Llevar a cabo acciones y actividades que promuevan el conocimiento del derecho a la protección de datos personales, así como de sus prerrogativas;

XIII. Aplicar indicadores y criterios para evaluar el desempeño de los responsables respecto del cumplimiento de la presente Ley y demás disposiciones que resulten aplicables;

XIV. Promover la capacitación y actualización en materia de protección de datos personales entre los responsables;

XV. Solicitar la cooperación del Instituto en los términos del artículo 89, fracción XXX de la presente Ley;

XVI. Administrar, en el ámbito de sus competencias, la Plataforma Nacional de Transparencia;

XVII. Según corresponda, interponer acciones de inconstitucionalidad en contra de leyes expedidas por las legislaturas de las Entidades Federativas, que vulneren el derecho a la protección de datos personales, y

XVIII. Emitir, en su caso, las recomendaciones no vinculantes correspondientes a la Evaluación de impacto en protección de datos personales que le sean presentadas.

CAPÍTULO III
DE LA COORDINACIÓN Y PROMOCIÓN DEL DERECHO A LA PROTECCIÓN DE DATOS PERSONALES

Artículo 92

Los responsables deberán colaborar con el Instituto y los organismos garantes, según corresponda, para capacitar y actualizar de forma permanente a todos sus servidores públicos en materia de protección de datos personales, a través de la impartición de cursos, seminarios, talleres y cualquier otra forma de enseñanza y entrenamiento que se considere pertinente.

Artículo 93

El Instituto y los Organismos garantes, en el ámbito de sus respectivas competencias, deberán:

I. Promover que en los programas y planes de estudio, libros y materiales que se utilicen en las instituciones educativas de todos los niveles y modalidades del Estado, se incluyan contenidos sobre el derecho a la protección de datos personales, así como una cultura sobre el ejercicio y respeto de éste;

II. Impulsar en conjunto con instituciones de educación superior, la integración de centros de investigación, difusión y docencia sobre el derecho a la protección de datos personales que promuevan el conocimiento sobre este tema y coadyuven con el Instituto y los Organismos garantes en sus tareas sustantivas, y

III. Fomentar la creación de espacios de participación social y ciudadana que estimulen el intercambio de ideas entre la sociedad, los órganos de representación ciudadana y los responsables.

TÍTULO NOVENO
DE LOS PROCEDIMIENTOS DE IMPUGNACIÓN EN MATERIA DE PROTECCIÓN DE DATOS PERSONALES EN POSESIÓN DE SUJETOS OBLIGADOS

CAPÍTULO I
DISPOSICIONES COMUNES A LOS RECURSOS DE REVISIÓN Y RECURSOS DE INCONFORMIDAD

Artículo 94

El titular o su representante podrá interponer un recurso de revisión o un recurso de inconformidad ante el Instituto o los Organismos garantes, según corresponda, o bien, ante la Unidad de Transparencia, a través de los siguientes medios:

I. Por escrito libre en el domicilio del Instituto o los Organismos garantes, según corresponda, o en las oficinas habilitadas que al efecto establezcan;

II. Por correo certificado con acuse de recibo;

III. Por formatos que al efecto emita el Instituto o los Organismos garantes, según corresponda;

IV. Por los medios electrónicos que para tal fin se autoricen, o

V. Cualquier otro medio que al efecto establezca el Instituto o los Organismos garantes, según corresponda.

Se presumirá que el titular acepta que las notificaciones le sean efectuadas por el mismo conducto que presentó su escrito, salvo que acredite haber señalado uno distinto para recibir notificaciones.

Artículo 95

El titular podrá acreditar su identidad a través de cualquiera de los siguientes medios:

I. Identificación oficial;

II. Firma electrónica avanzada o del instrumento electrónico que lo sustituya, o

III. Mecanismos de autenticación autorizados por el Instituto y los Organismos garantes, según corresponda, publicados mediante acuerdo general en el Diario Oficial de la Federación o en los diarios y gacetas oficiales de las Entidades Federativas.

La utilización de la firma electrónica avanzada o del instrumento electrónico que lo sustituya eximirá de la presentación de la copia del documento de identificación.

Artículo 96

Cuando el titular actúe mediante un representante, éste deberá acreditar su personalidad en los siguientes términos:

I. Si se trata de una persona física, a través de carta poder simple suscrita ante dos testigos anexando copia de las identificaciones de los suscriptores, o instrumento público, o declaración en comparecencia personal del titular y del representante ante el Instituto.

II. Si se trata de una persona moral, mediante instrumento público.

Artículo 97

La interposición de un recurso de revisión o de inconformidad de datos personales concernientes a personas fallecidas, podrá realizarla la persona que acredite tener un interés jurídico o legítimo.

Artículo 98

En la sustanciación de los recursos de revisión y recursos de inconformidad, las notificaciones que emitan el Instituto y los Organismos garantes, según corresponda, surtirán efectos el mismo día en que se practiquen.

Las notificaciones podrán efectuarse:

I. Personalmente en los siguientes casos:

a) Se trate de la primera notificación;

b) Se trate del requerimiento de un acto a la parte que deba cumplirlo;

c) Se trate de la solicitud de informes o documentos;

d) Se trate de la resolución que ponga fin al procedimiento de que se trate, y

e) En los demás casos que disponga la ley;

II. Por correo certificado con acuse de recibo o medios digitales o sistemas autorizados por el Instituto o los Organismos garantes, según corresponda, y publicados mediante acuerdo general en el Diario Oficial de la Federación o diarios o gacetas oficiales de las Entidades Federativas, cuando se trate de requerimientos, emplazamientos, solicitudes de informes o documentos y resoluciones que puedan ser impugnadas;

III. Por correo postal ordinario o por correo electrónico ordinario cuando se trate de actos distintos de los señalados en las fracciones anteriores, o

IV. Por estrados, cuando la persona a quien deba notificarse no sea localizable en su domicilio, se ignore éste o el de su representante.

Artículo 99

El cómputo de los plazos señalados en el presente Título comenzará a correr a partir del día siguiente a aquél en que haya surtido efectos la notificación correspondiente.

Concluidos los plazos fijados a las partes, se tendrá por perdido el derecho que dentro de ellos debió ejercitarse, sin necesidad de acuse de rebeldía por parte del Instituto.

Artículo 100

El titular, el responsable y los Organismos garantes o cualquier autoridad deberán atender los requerimientos de información en los plazos y términos que el Instituto y los Organismos garantes, según corresponda, establezcan.

Artículo 101

Cuando el titular, el responsable, los Organismos garantes o cualquier autoridad se nieguen a atender o cumplimentar los requerimientos, solicitudes de información y documentación, emplazamientos, citaciones o diligencias notificadas por el Instituto o los Organismos garantes, según corresponda, o facilitar la práctica de las diligencias que hayan sido ordenadas, o entorpezca las actuaciones del Instituto o los Organismos garantes, según corresponda, tendrán por perdido su derecho para hacerlo valer en algún otro momento del procedimiento y el Instituto y los Organismos garantes, según corresponda, tendrán por ciertos los hechos materia del procedimiento y resolverá con los elementos que disponga.

Artículo 102

En la sustanciación de los recursos de revisión o recursos de inconformidad, las partes podrán ofrecer las siguientes pruebas:

I. La documental pública;

II. La documental privada;

III. La inspección;

IV. La pericial;

V. La testimonial;

VI. La confesional, excepto tratándose de autoridades;

VII. Las imágenes fotográficas, páginas electrónicas, escritos y demás elementos aportados por la ciencia y tecnología, y

VIII. La presuncional legal y humana.

El Instituto y los Organismos garantes, según corresponda, podrán allegarse de los medios de prueba que consideren necesarios, sin más limitación que las establecidas en la ley.

CAPÍTULO II
DEL RECURSO DE REVISIÓN ANTE EL INSTITUTO Y LOS ORGANISMOS GARANTES

Artículo 103

El titular, por sí mismo o a través de su representante, podrán interponer un recurso de revisión ante el Instituto o, en su caso, ante los Organismos garantes o la Unidad de Transparencia del responsable que haya conocido de la solicitud para el ejercicio de los derechos ARCO, dentro de un plazo que no podrá exceder de quince días contados a partir del siguiente a la fecha de la notificación de la respuesta.

Transcurrido el plazo previsto para dar respuesta a una solicitud para el ejercicio de los derechos ARCO sin que se haya emitido ésta, el titular o, en su caso, su representante podrán interponer el recurso de revisión dentro de los quince días siguientes al que haya vencido el plazo para dar respuesta.

Artículo 104

El recurso de revisión procederá en los siguientes supuestos:

I. Se clasifiquen como confidenciales los datos personales sin que se cumplan las características señaladas en las leyes que resulten aplicables;

II. Se declare la inexistencia de los datos personales;

III. Se declare la incompetencia por el responsable;

IV. Se entreguen datos personales incompletos;

V. Se entreguen datos personales que no correspondan con lo solicitado;

VI. Se niegue el acceso, rectificación, cancelación u oposición de datos personales;

VII. No se dé respuesta a una solicitud para el ejercicio de los derechos ARCO dentro de los plazos establecidos en la presente Ley y demás disposiciones que resulten aplicables en la materia;

VIII. Se entregue o ponga a disposición datos personales en una modalidad o formato distinto al solicitado, o en un formato incomprensible;

IX. El titular se inconforme con los costos de reproducción, envío o tiempos de entrega de los datos personales;

X. Se obstaculice el ejercicio de los derechos ARCO, a pesar de que fue notificada la procedencia de los mismos;

XI. No se dé trámite a una solicitud para el ejercicio de los derechos ARCO, y

XII. En los demás casos que dispongan las leyes.

Artículo 105

Los únicos requisitos exigibles en el escrito de interposición del recurso de revisión serán los siguientes:

I. El área responsable ante quien se presentó la solicitud para el ejercicio de los derechos ARCO;

II. El nombre del titular que recurre o su representante y, en su caso, del tercero interesado, así como el domicilio o medio que señale para recibir notificaciones;

III. La fecha en que fue notificada la respuesta al titular, o bien, en caso de falta de respuesta la fecha de la presentación de la solicitud para el ejercicio de los derechos ARCO;

IV. El acto que se recurre y los puntos petitorios, así como las razones o motivos de inconformidad;

V. En su caso, copia de la respuesta que se impugna y de la notificación correspondiente, y

VI. Los documentos que acrediten la identidad del titular y, en su caso, la personalidad e identidad de su representante.

Al recurso de revisión se podrán acompañar las pruebas y demás elementos que considere el titular procedentes someter a juicio del Instituto o, en su caso, de los Organismos garantes.

En ningún caso será necesario que el titular ratifique el recurso de revisión interpuesto.

Artículo 106

Una vez admitido el recurso de revisión, el Instituto o, en su caso, los Organismos garantes podrán buscar una conciliación entre el titular y el responsable.

De llegar a un acuerdo, éste se hará constar por escrito y tendrá efectos vinculantes. El recurso de revisión quedará sin materia y el Instituto, o en su caso, los Organismos garantes, deberán verificar el cumplimiento del acuerdo respectivo.

Artículo 107

Admitido el recurso de revisión y sin perjuicio de lo dispuesto por el artículo 65 de la presente Ley, el Instituto promoverá la conciliación entre las partes, de conformidad con el siguiente procedimiento:

I. El Instituto y los Organismos garantes, según corresponda, requerirán a las partes que manifiesten, por cualquier medio, su voluntad de conciliar, en un plazo no mayor a siete días, contados a partir de la notificación de dicho acuerdo, mismo que contendrá un resumen del recurso de revisión y de la respuesta del responsable si la hubiere, señalando los elementos comunes y los puntos de controversia.

La conciliación podrá celebrarse presencialmente, por medios remotos o locales de comunicación electrónica o por cualquier otro medio que determine el Instituto o los Organismos garantes, según corresponda. En cualquier caso, la conciliación habrá de hacerse constar por el medio que permita acreditar su existencia.

Queda exceptuado de la etapa de conciliación, cuando el titular sea menor de edad y se haya vulnerado alguno de los derechos contemplados en la Ley para la

Protección de los Derechos de Niñas, Niños y Adolescentes, vinculados con la Ley y el Reglamento, salvo que cuente con representación legal debidamente acreditada;

II. Aceptada la posibilidad de conciliar por ambas partes, el Instituto y los Organismos garantes, según correspondan, señalarán el lugar o medio, día y hora para la celebración de una audiencia de conciliación, la cual deberá realizarse dentro de los diez días siguientes en que el Instituto o los Organismos garantes, según corresponda, hayan recibido la manifestación de la voluntad de conciliar de ambas partes, en la que se procurará avenir los intereses entre el titular y el responsable.

El conciliador podrá, en todo momento en la etapa de conciliación, requerir a las partes que presenten en un plazo máximo de cinco días, los elementos de convicción que estime necesarios para la conciliación.

El conciliador podrá suspender cuando lo estime pertinente o a instancia de ambas partes la audiencia por una ocasión. En caso de que se suspenda la audiencia, el conciliador señalará día y hora para su reanudación dentro de los cinco días siguientes.

De toda audiencia de conciliación se levantará el acta respectiva, en la que conste el resultado de la misma. En caso de que el responsable o el titular o sus respectivos representantes no firmen el acta, ello no afectará su validez, debiéndose hacer constar dicha negativa;

III. Si alguna de las partes no acude a la audiencia de conciliación y justifica su ausencia en un plazo de tres días, será convocado a una segunda audiencia de conciliación, en el plazo de cinco días; en caso de que no acuda a esta última, se continuará con el recurso de revisión. Cuando alguna de las partes no acuda a la audiencia de conciliación sin justificación alguna, se continuará con el procedimiento;

IV. De no existir acuerdo en la audiencia de conciliación, se continuará con el recurso de revisión;

V. De llegar a un acuerdo, éste se hará constar por escrito y tendrá efectos vinculantes. El recurso de revisión quedará sin materia y el Instituto, o en su caso, los Organismos garantes, deberán verificar el cumplimiento del acuerdo respectivo, y

VI. El cumplimiento del acuerdo dará por concluido la sustanciación del recurso de revisión, en caso contrario, el Instituto reanudará el procedimiento.

El plazo al que se refiere el artículo siguiente de la presente Ley será suspendido durante el periodo de cumplimiento del acuerdo de conciliación.

Artículo 108

El Instituto y los Organismos garantes resolverán el recurso de revisión en un plazo que no podrá exceder de cuarenta días, el cual podrá ampliarse hasta por veinte días por una sola vez.

Artículo 109

Durante el procedimiento a que se refiere el presente Capítulo, el Instituto y los Organismos garantes, según corresponda, deberán aplicar la suplencia de la queja a favor del titular, siempre y cuando no altere el contenido original del recurso de revisión, ni modifique los hechos o peticiones expuestas en el mismo, así como garantizar que las partes puedan presentar los argumentos y constancias que funden y motiven sus pretensiones.

Artículo 110

Si en el escrito de interposición del recurso de revisión el titular no cumple con alguno de los requisitos previstos en el artículo 105 de la presente Ley y el Instituto y los Organismos garantes, según corresponda, no cuenten con elementos para subsanarlos, éstos deberán requerir al titular, por una sola ocasión, la información que subsane las omisiones en un plazo que no podrá exceder de cinco días, contados a partir del día siguiente de la presentación del escrito.

El titular contará con un plazo que no podrá exceder de cinco días, contados a partir del día siguiente al de la notificación de la prevención, para subsanar las omisiones, con el apercibimiento de que en caso de no cumplir con el requerimiento, se desechará el recurso de revisión.

La prevención tendrá el efecto de interrumpir el plazo que tienen el Instituto y los Organismos garantes para resolver el recurso, por lo que comenzará a computarse a partir del día siguiente a su desahogo.

Artículo 111

Las resoluciones del Instituto o, en su caso, de los Organismos garantes podrán:

I. Sobreseer o desechar el recurso de revisión por improcedente;

II. Confirmar la respuesta del responsable;

III. Revocar o modificar la respuesta del responsable, o

IV. Ordenar la entrega de los datos personales, en caso de omisión del responsable.

Las resoluciones establecerán, en su caso, los plazos y términos para su cumplimiento y los procedimientos para asegurar su ejecución. Los responsables deberán informar al Instituto o, en su caso, a los Organismos garantes el cumplimiento de sus resoluciones.

Ante la falta de resolución por parte del Instituto, o en su caso, de los Organismos garantes, se entenderá confirmada la respuesta del responsable.

Cuando el Instituto, o en su caso, los Organismos garantes, determinen durante la sustanciación del recurso de revisión que se pudo haber incurrido en una probable responsabilidad por el incumplimiento a las obligaciones previstas en la presente Ley y demás disposiciones que resulten aplicables en la materia, deberán hacerlo del conocimiento del órgano interno de control o de la instancia competente para que ésta inicie, en su caso, el procedimiento de responsabilidad respectivo.

Artículo 112

El recurso de revisión podrá ser desechado por improcedente cuando:

I. Sea extemporáneo por haber transcurrido el plazo establecido en el artículo 103 de la presente Ley;

II. El titular o su representante no acrediten debidamente su identidad y personalidad de este último;

III. El Instituto o, en su caso, los Organismos garantes hayan resuelto anteriormente en definitiva sobre la materia del mismo;

IV. No se actualice alguna de las causales del recurso de revisión previstas en el artículo 104 de la presente Ley;

V. Se esté tramitando ante los tribunales competentes algún recurso o medio de defensa interpuesto por el recurrente, o en su caso, por el tercero interesado, en contra del acto recurrido ante el Instituto o los Organismos garantes, según corresponda;

VI. El recurrente modifique o amplíe su petición en el recurso de revisión, únicamente respecto de los nuevos contenidos, o

VII. El recurrente no acredite interés jurídico.

El desechamiento no implica la preclusión del derecho del titular para interponer ante el Instituto o los Organismos garantes, según corresponda, un nuevo recurso de revisión.

Artículo 113

El recurso de revisión solo podrá ser sobreseído cuando:

I. El recurrente se desista expresamente;

II. El recurrente fallezca;

III. Admitido el recurso de revisión, se actualice alguna causal de improcedencia en los términos de la presente Ley;

IV. El responsable modifique o revoque su respuesta de tal manera que el recurso de revisión quede sin materia, o

V. Quede sin materia el recurso de revisión.

Artículo 114

El Instituto y los Organismos garantes deberán notificar a las partes y publicar las resoluciones, en versión pública, a más tardar, al tercer día siguiente de su aprobación.

Artículo 115

Las resoluciones del Instituto y de los Organismos garantes serán vinculantes, definitivas e inatacables para los responsables.

Los titulares podrán impugnar dichas resoluciones ante el Poder Judicial de la Federación mediante el Juicio de Amparo.

Artículo 116

Tratándose de las resoluciones a los recursos de revisión de los Organismos garantes de las Entidades Federativas, los particulares podrán optar por acudir ante el Instituto interponiendo el recurso de inconformidad previsto en esta Ley o ante el Poder Judicial de la Federación mediante el Juicio de Amparo.

CAPÍTULO III
DEL RECURSO DE INCONFORMIDAD ANTE EL INSTITUTO

Artículo 117

El titular, por sí mismo o a través de su representante, podrá impugnar la resolución del recurso de revisión emitido por el organismo garante ante el Instituto, mediante el recurso de inconformidad.

El recurso de inconformidad se podrá presentar ante el organismo garante que haya emitido la resolución o ante el Instituto, dentro de un plazo de quince días contados a partir del siguiente a la fecha de la notificación de la resolución impugnada.

Los Organismos garantes deberán remitir el recurso de inconformidad al Instituto al día siguiente de haberlo recibido; así como las constancias que integren el procedimiento que haya dado origen a la resolución impugnada, el cual resolverá allegándose de los elementos que estime convenientes.

Artículo 118

El recurso de inconformidad procederá contra las resoluciones emitidas por los Organismos garantes de las Entidades Federativas que:

I. Clasifiquen los datos personales sin que se cumplan las características señaladas en las leyes que resulten aplicables;

II. Determinen la inexistencia de datos personales, o

III. Declaren la negativa de datos personales, es decir:

a) Se entreguen datos personales incompletos;

b) Se entreguen datos personales que no correspondan con los solicitados;

c) Se niegue el acceso, rectificación, cancelación u oposición de datos personales;

d) Se entregue o ponga a disposición datos personales en un formato incomprensible;

e) El titular se inconforme con los costos de reproducción, envío, o tiempos de entrega de los datos personales, o

f) Se oriente a un trámite específico que contravenga lo dispuesto por el artículo 54 de la presente Ley.

Artículo 119

Los únicos requisitos exigibles e indispensables en el escrito de interposición del recurso de inconformidad son:

I. El área responsable ante la cual se presentó la solicitud para el ejercicio de los derechos ARCO;

II. El organismo garante que emitió la resolución impugnada;

III. El nombre del titular que recurre o de su representante y, en su caso, del tercero interesado, así como su domicilio o el medio que señale para recibir notificaciones;

IV. La fecha en que fue notificada la resolución al titular;

V. El acto que se recurre y los puntos petitorios, así como las razones o motivos de inconformidad;

VI. En su caso, copia de la resolución que se impugna y de la notificación correspondiente, y

VII. Los documentos que acrediten la identidad del titular y, en su caso, la personalidad e identidad de su representante.

El promovente podrá acompañar su escrito con las pruebas y demás elementos que considere procedentes someter a juicio del Instituto.

Artículo 120

El Instituto resolverá el recurso de inconformidad en un plazo que no podrá exceder de treinta días contados a partir del día siguiente de la interposición del recurso de inconformidad, plazo que podrá ampliarse por una sola vez y hasta por un periodo igual.

Artículo 121

Durante el procedimiento a que se refiere el presente Capítulo, el Instituto deberá aplicar la suplencia de la queja a favor del titular, siempre y cuando no altere el contenido original del recurso de inconformidad, ni modifique los hechos o peticiones expuestas en el mismo, así como garantizar que las partes puedan presentar los argumentos y constancias que funden y motiven sus pretensiones.

Artículo 122

Si en el escrito de interposición del recurso de inconformidad el titular no cumple con alguno de los requisitos previstos en el artículo 119 de la presente Ley y el Instituto no cuente con elementos para subsanarlos, éste deberá requerir al titular, por una sola ocasión, la información que subsane las omisiones en un plazo que no podrá exceder de cinco días, contados a partir del día siguiente de la presentación del escrito.

El titular contará con un plazo que no podrá exceder de quince días, contados a partir del día siguiente al de la notificación de la prevención, para subsanar las omisiones, con el apercibimiento de que en caso de no cumplir con el requerimiento, se desechará el recurso de inconformidad.

La prevención tendrá el efecto de interrumpir el plazo que tiene el Instituto para resolver el recurso, por lo que comenzará a computarse a partir del día siguiente a su desahogo.

Artículo 123

Una vez concluida la etapa probatoria, el Instituto pondrá a disposición de las partes las actuaciones del procedimiento y les otorgará un plazo de cinco días para que formulen alegatos contados a partir de la notificación del acuerdo a que se refiere este artículo.

Artículo 124

Las resoluciones del Instituto podrán:

I. Sobreseer o desechar el recurso de inconformidad;

II. Confirmar la resolución del organismo garante;

III. Revocar o modificar la resolución del organismo garante, o

IV. Ordenar la entrega de los datos personales, en caso de omisión del responsable.

Las resoluciones establecerán, en su caso, los plazos y términos para su cumplimiento y los procedimientos para asegurar su ejecución. Los Organismos garantes deberán informar al Instituto sobre el cumplimiento de sus resoluciones.

Si el Instituto no resuelve dentro del plazo establecido en este Capítulo, la resolución que se recurrió se entenderá confirmada.

Cuando el Instituto determine durante la sustanciación del recurso de inconformidad, que se pudo haber incurrido en una probable responsabilidad por el incumplimiento a las obligaciones previstas en la presente Ley y a las demás disposiciones aplicables en la materia, deberá hacerlo del conocimiento del órgano interno de control o de la instancia competente para que ésta inicie, en su caso, el procedimiento de responsabilidad respectivo.

Las medidas de apremio previstas en la presente Ley, resultarán aplicables para efectos del cumplimiento de las resoluciones que recaigan a los recursos de inconformidad. Estas medidas de apremio deberán establecerse en la propia resolución.

Artículo 125

El recurso de inconformidad podrá ser desechado por improcedente cuando:

I. Sea extemporáneo por haber transcurrido el plazo establecido en el artículo 117 de la presente Ley;

II. El Instituto anteriormente haya resuelto en definitiva sobre la materia del mismo;

III. No se actualicen las causales de procedencia del recurso de inconformidad, previstas en el artículo 118 de la presente Ley;

IV. Se esté tramitando ante el Poder Judicial algún recurso o medio de defensa interpuesto por el titular, o en su caso, por el tercero interesado, en contra del acto recurrido, o

V. El inconforme amplíe su solicitud en el recurso de inconformidad, únicamente respecto de los nuevos contenidos.

Artículo 126

El recurso de inconformidad solo podrá ser sobreseído cuando:

I. El recurrente se desista expresamente;

II. El recurrente fallezca;

III. El organismo garante modifique o revoque su respuesta de tal manera que el recurso de inconformidad quede sin materia, o

IV. Admitido el recurso, se actualice alguna causal de improcedencia en los términos de la presente Ley.

Artículo 127

En los casos en que a través del recurso de inconformidad se modifique o revoque la resolución del organismo garante, éste deberá emitir un nuevo fallo atendiendo los lineamientos que se fijaron al resolver la inconformidad, dentro del plazo de quince días, contados a partir del día siguiente al en que se hubiere notificado o se tenga conocimiento de la resolución dictada en la inconformidad.

Artículo 128

Corresponderá a los Organismos garantes, en el ámbito de su competencia, realizar el seguimiento y vigilancia del debido cumplimiento por parte del responsable de la nueva resolución emitida como consecuencia de la inconformidad en términos de la presente Ley.

Artículo 129

Las resoluciones del Instituto serán vinculantes, definitivas e inatacables para los responsables y los Organismos garantes.

Los titulares podrán impugnar dichas resoluciones ante el Poder Judicial de la Federación mediante el Juicio de Amparo.

CAPÍTULO IV
DE LA ATRACCIÓN DE LOS RECURSOS DE REVISIÓN

Artículo 130

Para efectos de la presente Ley, el Pleno del Instituto, cuando así lo apruebe la mayoría de sus Comisionados, de oficio o a petición fundada de los Organismos garantes, podrá ejercer la facultad de atracción para conocer de aquellos recursos de revisión pendientes de resolución en materia de protección de datos personales, que por su interés y trascendencia así lo ameriten y cuya competencia original corresponde a los Organismos garantes, conforme a lo dispuesto en esta Ley y demás normativa aplicable.

Los recurrentes podrán hacer del conocimiento del Instituto la existencia de recursos de revisión que de oficio podría conocer.

Por lo que hace a los lineamientos y criterios generales de observancia obligatoria que el Instituto deberá emitir para determinar los recursos de revisión de interés y trascendencia que está obligado a conocer, conforme a la Ley General de Transparencia y Acceso a la Información Pública, adicionalmente en la atracción de recursos de revisión en materia de protección de datos personales se deberán considerar los siguientes factores:

I. La finalidad del tratamiento de los datos personales;

II. El número y tipo de titulares involucrados en el tratamiento de datos personales llevado a cabo por el responsable;

III. La sensibilidad de los datos personales tratados;

IV. Las posibles consecuencias que se derivarían de un tratamiento indebido o indiscriminado de datos personales, y

V. La relevancia del tratamiento de datos personales, en atención al impacto social o económico del mismo y del interés público para conocer del recurso de revisión atraído.

Artículo 131

Para efectos del ejercicio de la facultad de atracción a que se refiere este Capítulo, el Instituto motivará y fundamentará que el caso es de tal relevancia, novedad o complejidad, que su resolución podrá repercutir de manera sustancial en la solución de casos futuros para garantizar la tutela efectiva del derecho de protección de datos personales en posesión de sujetos obligados.

En los casos en los que el organismo garante de la Entidad Federativa sea el sujeto obligado recurrido, deberá notificar al Instituto, en un plazo que no excederá de tres días, a partir de que sea interpuesto el recurso. El Instituto atraerá y resolverá dichos recursos de revisión, conforme a lo establecido en el presente Capítulo.

Artículo 132

Las razones emitidas por el Instituto para ejercer la facultad de atracción de un caso, únicamente constituirán un estudio preliminar para determinar si el asunto reúne los requisitos constitucionales y legales de interés y trascendencia, conforme al precepto anterior, por lo que no será necesario que formen parte del análisis de fondo del asunto.

Artículo 133

El Instituto emitirá lineamientos y criterios generales de observancia obligatoria que permitan determinar los recursos de revisión de interés y trascendencia que estará obligado a conocer, así como los procedimientos internos para su tramitación, atendiendo a los plazos máximos señalados para el recurso de revisión.

Artículo 134

La facultad de atracción conferida al Instituto se deberá ejercer conforme a las siguientes reglas:

I. Cuando se efectúe de oficio, el Pleno del Instituto, cuando así lo aprueben la mayoría de sus Comisionados, podrá ejercer la atracción en cualquier momento, en tanto no haya sido resuelto el recurso de revisión por el organismo garante competente, para lo cual notificará a las partes y requerirá el Expediente al organismo garante correspondiente, o

II. Cuando la petición de atracción sea formulada por el organismo garante de la Entidad Federativa, éste contará con un plazo no mayor a cinco días, salvo lo dispuesto en el último párrafo del artículo 105 de esta Ley, para solicitar al Instituto que analice y, en su caso, ejerza la facultad de atracción sobre el asunto puesto a su consideración.

Transcurrido dicho plazo se tendrá por precluido el derecho del organismo garante respectivo para hacer la solicitud de atracción.

El Instituto contará con un plazo no mayor a diez días para determinar si ejerce la facultad de atracción, en cuyo caso, notificará a las partes y solicitará el Expediente del recurso de revisión respectivo.

Artículo 135

La solicitud de atracción del recurso de revisión interrumpirá el plazo que tienen los Organismos garantes para resolverlo. El cómputo continuará a partir del día siguiente al día en que el Instituto haya notificado la determinación de no atraer el recurso de revisión.

Artículo 136

Previo a la decisión del Instituto sobre el ejercicio de la facultad de atracción a que se refiere el artículo anterior, el organismo garante de la Entidad Federativa a quien corresponda el conocimiento originario del asunto, deberá agotar el análisis de todos los aspectos cuyo estudio sea previo al fondo del asunto, hecha excepción del caso en que los aspectos de importancia y trascendencia deriven de la procedencia del recurso.

Si el Pleno del Instituto, cuando así lo apruebe la mayoría de sus Comisionados, decide ejercer la facultad de atracción se avocará al conocimiento o estudio de fondo del asunto materia del recurso de revisión atraído.

El o los Comisionados que en su momento hubiesen votado en contra de ejercer la facultad de atracción, no estarán impedidos para pronunciarse respecto del fondo del asunto.

Artículo 137

La resolución del Instituto será definitiva e inatacable para el organismo garante y para el sujeto obligado de que se trate.

En todo momento, los particulares podrán impugnar las resoluciones del Instituto ante el Poder Judicial de la Federación.

Artículo 138

Únicamente el Consejero Jurídico del Gobierno podrá interponer recurso de revisión en materia de seguridad nacional ante la Suprema Corte de Justicia de la Nación, en el caso que las resoluciones del Instituto a los recursos descritos en este Título, puedan poner en peligro la seguridad nacional.

Dicho recurso de revisión en materia de seguridad nacional se tramitará en los términos que se establecen en el siguiente Capítulo V denominado "Del Recurso de Revisión en materia de Seguridad Nacional", del presente Título.

CAPÍTULO V
DEL RECURSO DE REVISIÓN EN MATERIA DE SEGURIDAD NACIONAL

Artículo 139

El Consejero Jurídico del Gobierno Federal podrá interponer recurso de revisión en materia de seguridad nacional directamente ante la Suprema Corte de Justicia de la Nación, cuando considere que las resoluciones emitidas por el Instituto ponen en peligro la seguridad nacional.

El recurso deberá interponerse durante los siete días siguientes a aquél en el que el organismo garante notifique la resolución al sujeto obligado. La Suprema Corte de Justicia de la Nación determinará, de inmediato, en su caso, la suspensión de la ejecución de la resolución y dentro de los cinco días siguientes a la interposición del recurso resolverá sobre su admisión o improcedencia.

Artículo 140

En el escrito del recurso, el Consejero Jurídico del Gobierno Federal deberá señalar la resolución que se impugna, los fundamentos y motivos por los cuales considera que se pone en peligro la seguridad nacional, así como los elementos de prueba necesarios.

Artículo 141

La información reservada o confidencial que, en su caso, sea solicitada por la Suprema Corte de Justicia de la Nación por resultar indispensable para resolver el asunto, deberá ser mantenida con ese carácter y no estará disponible en el Expediente, salvo en las excepciones previstas en el artículo 120 de la Ley General de Transparencia y Acceso a la Información Pública.

En todo momento, los Ministros deberán tener acceso a la información clasificada para determinar su naturaleza, según se requiera. El acceso se dará de conformidad con la normatividad previamente establecida para el resguardo o salvaguarda de la información por parte de los sujetos obligados.

Artículo 142

La Suprema Corte de Justicia de la Nación resolverá con plenitud de jurisdicción, y en ningún caso, procederá el reenvío.

Artículo 143

Si la Suprema Corte de Justicia de la Nación confirma el sentido de la resolución recurrida, el sujeto obligado deberá dar cumplimiento en los términos que establece la disposición correspondiente de esta Ley.

En caso de que se revoque la resolución, el Instituto deberá actuar en los términos que ordene la Suprema Corte de Justicia de la Nación.

CAPÍTULO VI
DE LOS CRITERIOS DE INTERPRETACIÓN

Artículo 144

Una vez que hayan causado ejecutoria las resoluciones dictadas con motivo de los recursos que se sometan a su competencia, el Instituto podrá emitir los criterios de interpretación que estime pertinentes y que deriven de lo resuelto en los mismos, conforme a lo dispuesto en la Ley General de Transparencia y Acceso a la Información Pública y demás normativa aplicable.

El Instituto podrá emitir criterios de carácter orientador para los Organismos garantes, que se establecerán por reiteración al resolver tres casos análogos de manera consecutiva en el mismo sentido, por al menos dos terceras partes del Pleno del Instituto, derivados de resoluciones que hayan causado estado.

Artículo 145

Los criterios se compondrán de un rubro, un texto y el precedente o precedentes que, en su caso, hayan originado su emisión.

Todo criterio que emita el Instituto deberá contener una clave de control para su debida identificación.

TÍTULO DÉCIMO
FACULTAD DE VERIFICACIÓN DEL INSTITUTO Y LOS ORGANISMOS GARANTES

CAPÍTULO ÚNICO
DEL PROCEDIMIENTO DE VERIFICACIÓN

Artículo 146

El Instituto y los Organismos garantes, en el ámbito de sus respectivas competencias, tendrán la atribución de vigilar y verificar el cumplimiento de las disposiciones contenidas en la presente Ley y demás ordenamientos que se deriven de ésta.

En el ejercicio de las funciones de vigilancia y verificación, el personal del Instituto o, en su caso, de los Organismos garantes estarán obligados a guardar confidencialidad sobre la información a la que tengan acceso en virtud de la verificación correspondiente.

El responsable no podrá negar el acceso a la documentación solicitada con motivo de una verificación, o a sus bases de datos personales, ni podrá invocar la reserva o la confidencialidad de la información.

Artículo 147

La verificación podrá iniciarse:

I. De oficio cuando el Instituto o los Organismos garantes cuenten con indicios que hagan presumir fundada y motivada la existencia de violaciones a las leyes correspondientes, o

II. Por denuncia del titular cuando considere que ha sido afectado por actos del responsable que puedan ser contrarios a lo dispuesto por la presente Ley y demás normativa aplicable, o en su caso, por cualquier persona cuando tenga conocimiento de presuntos incumplimientos a las obligaciones previstas en la presente Ley y demás disposiciones que resulten aplicables en la materia.

El derecho a presentar una denuncia precluye en el término de un año contado a partir del día siguiente en que se realicen los hechos u omisiones materia de la misma. Cuando los hechos u omisiones sean de tracto sucesivo, el término empezará a contar a partir del día hábil siguiente al último hecho realizado.

La verificación no procederá en los supuestos de procedencia del recurso de revisión o inconformidad previstos en la presente Ley.

La verificación no se admitirá en los supuestos de procedencia del recurso de revisión o inconformidad, previstos en la presente Ley.

Previo a la verificación respectiva, el Instituto o los Organismos garantes podrán desarrollar investigaciones previas, con el fin de contar con elementos para fundar y motivar el acuerdo de inicio respectivo.

Artículo 148

Para la presentación de una denuncia no podrán solicitarse mayores requisitos que los que a continuación se describen:

I. El nombre de la persona que denuncia, o en su caso, de su representante;

II. El domicilio o medio para recibir notificaciones de la persona que denuncia;

III. La relación de hechos en que se basa la denuncia y los elementos con los que cuente para probar su dicho;

IV. El responsable denunciado y su domicilio, o en su caso, los datos para su identificación y/o ubicación;

V. La firma del denunciante, o en su caso, de su representante. En caso de no saber firmar, bastará la huella digital.

La denuncia podrá presentarse por escrito libre, o a través de los formatos, medios electrónicos o cualquier otro medio que al efecto establezca el Instituto o los Organismos garantes, según corresponda.

Una vez recibida la denuncia, el Instituto y los Organismos garantes, según corresponda, deberán acusar recibo de la misma. El acuerdo correspondiente se notificará al denunciante.

Artículo 149

La verificación iniciará mediante una orden escrita que funde y motive la procedencia de la actuación por parte del Instituto o de los Organismos garantes, la cual tiene por objeto requerir al responsable la documentación e información necesaria vinculada con la presunta violación y/o realizar visitas a las oficinas o instalaciones del responsable, o en su caso, en el lugar donde estén ubicadas las bases de datos personales respectivas.

Para la verificación en instancias de seguridad nacional y seguridad pública, se requerirá en la resolución, la aprobación del Pleno del Instituto, por mayoría calificada de sus Comisionados, o de los integrantes de los Organismos garantes de las Entidades Federativas, según corresponda; así como de una fundamentación y motivación reforzada de la causa del procedimiento, debiéndose asegurar la información sólo para uso exclusivo de la autoridad y para los fines establecidos en el artículo 150.

El procedimiento de verificación deberá tener una duración máxima de cincuenta días.

El Instituto o los organismos garantes podrán ordenar medidas cautelares, si del desahogo de la verificación advierten un daño inminente o irreparable en materia de protección de datos personales, siempre y cuando no impidan el cumplimiento de las funciones ni el aseguramiento de bases de datos de los sujetos obligados.

Estas medidas sólo podrán tener una finalidad correctiva y será temporal hasta entonces los sujetos obligados lleven a cabo las recomendaciones hechas por el Instituto o los Organismos garantes según corresponda.

Artículo 150

El procedimiento de verificación concluirá con la resolución que emita el Instituto o los Organismos garantes, en la cual, se establecerán las medidas que deberá adoptar el responsable en el plazo que la misma determine.

Artículo 151

Los responsables podrán voluntariamente someterse a la realización de auditorías por parte del Instituto o los Organismos garantes, según corresponda, que tengan por objeto verificar la adaptación, adecuación y eficacia de los controles, medidas y mecanismos implementados para el cumplimiento de las disposiciones previstas en la presente Ley y demás normativa que resulte aplicable.

El informe de auditoría deberá dictaminar sobre la adecuación de las medidas y controles implementados por el responsable, identificar sus deficiencias, así como proponer acciones correctivas complementarias, o bien, recomendaciones que en su caso correspondan.

TÍTULO DÉCIMO PRIMERO
MEDIDAS DE APREMIO Y RESPONSABILIDADES

CAPÍTULO I
DE LAS MEDIDAS DE APREMIO

Artículo 152

Para el cumplimiento de las resoluciones emitidas por el Instituto o los Organismos garantes, según corresponda, éstos organismos y el responsable, en su caso, deberán observar lo dispuesto en el Capítulo VI del Título Octavo de la Ley General de Transparencia y Acceso a la Información Pública.

Artículo 153

El Instituto y los Organismos garantes podrán imponer las siguientes medidas de apremio para asegurar el cumplimiento de sus determinaciones:

I. La amonestación pública, o

II. La multa, equivalente a la cantidad de ciento cincuenta hasta mil quinientas veces el valor diario de la Unidad de Medida y Actualización.

El incumplimiento de los sujetos obligados será difundido en los portales de obligaciones de transparencia del Instituto y los Organismos garantes y considerados en las evaluaciones que realicen éstos.

En caso de que el incumplimiento de las determinaciones del Instituto y los Organismos garantes implique la presunta comisión de un delito o una de las conductas señaladas en el artículo 163 de la presente Ley, deberán denunciar los hechos ante la autoridad competente. Las medidas de apremio de carácter económico no podrán ser cubiertas con recursos públicos.

Artículo 154

Si a pesar de la ejecución de las medidas de apremio previstas en el artículo anterior no se cumpliere con la resolución, se requerirá el cumplimiento al superior jerárquico para que en el plazo de cinco días lo obligue a cumplir sin demora.

De persistir el incumplimiento, se aplicarán sobre aquéllas medidas de apremio establecidas en el artículo anterior. Transcurrido el plazo, sin que se haya dado cumplimiento, se dará vista (sic) la autoridad competente en materia de responsabilidades.

Artículo 155

Las medidas de apremio a que se refiere el presente Capítulo, deberán ser aplicadas por el Instituto y los Organismos garantes, por sí mismos o con el apoyo de la autoridad competente, de conformidad con los procedimientos que establezcan las leyes respectivas.

Artículo 156

Las multas que fijen el Instituto y los Organismos garantes se harán efectivas por el Servicio de Administración Tributaria o las Secretarías de Finanzas de las Entidades

Federativas, según corresponda, a través de los procedimientos que las leyes establezcan.

Artículo 157

Para calificar las medidas de apremio establecidas en el presente Capítulo, el Instituto y los Organismos garantes deberán considerar:

I. La gravedad de la falta del responsable, determinada por elementos tales como el daño causado; los indicios de intencionalidad; la duración del incumplimiento de las determinaciones del Instituto o los Organismos garantes y la afectación al ejercicio de sus atribuciones;

II. La condición económica del infractor, y

III. La reincidencia.

El Instituto y los Organismos garantes establecerán mediante lineamientos de carácter general, las atribuciones de las áreas encargadas de calificar la gravedad de la falta de observancia a sus determinaciones y de la notificación y ejecución de las medidas de apremio que apliquen e implementen, conforme a los elementos desarrollados en este Capítulo.

Artículo 158

En caso de reincidencia, el Instituto o los Organismos garantes podrán imponer una multa equivalente hasta el doble de la que se hubiera determinado por el Instituto o los Organismos garantes.

Se considerará reincidente al que habiendo incurrido en una infracción que haya sido sancionada, cometa otra del mismo tipo o naturaleza.

Artículo 159

Las medidas de apremio deberán aplicarse e implementarse en un plazo máximo de quince días, contados a partir de que sea notificada la medida de apremio al infractor.

Artículo 160

La amonestación pública será impuesta por el Instituto o los Organismos garantes y será ejecutada por el superior jerárquico inmediato del infractor con el que se relacione.

Artículo 161

El Instituto o los Organismos garantes podrán requerir al infractor la información necesaria para determinar su condición económica, apercibido de que en caso de no proporcionar la misma, las multas se cuantificarán con base a los elementos que se tengan a disposición, entendidos como los que se encuentren en los registros públicos, los que contengan medios de información o sus propias páginas de Internet y, en general, cualquiera que evidencie su condición, quedando facultado el Instituto o los Organismos garantes para requerir aquella documentación que se considere indispensable para tal efecto a las autoridades competentes.

Artículo 162

En contra de la imposición de medidas de apremio, procede el recurso correspondiente ante el Poder Judicial de la Federación, o en su caso ante el Poder Judicial correspondiente en las Entidades Federativas.

CAPÍTULO II
DE LAS SANCIONES

Artículo 163

Serán causas de sanción por incumplimiento de las obligaciones establecidas en la materia de la presente Ley, las siguientes:

I. Actuar con negligencia, dolo o mala fe durante la sustanciación de las solicitudes para el ejercicio de los derechos ARCO;

II. Incumplir los plazos de atención previstos en la presente Ley para responder las solicitudes para el ejercicio de los derechos ARCO o para hacer efectivo el derecho de que se trate;

III. Usar, sustraer, divulgar, ocultar, alterar, mutilar, destruir o inutilizar, total o parcialmente y de manera indebida datos personales, que se encuentren bajo su custodia o a los cuales tengan acceso o conocimiento con motivo de su empleo, cargo o comisión;

IV. Dar tratamiento, de manera intencional, a los datos personales en contravención a los principios y deberes establecidos en la presente Ley;

V. No contar con el aviso de privacidad, o bien, omitir en el mismo alguno de los elementos a que refiere el artículo 27 de la presente Ley, según sea el caso, y demás disposiciones que resulten aplicables en la materia;

VI. Clasificar como confidencial, con dolo o negligencia, datos personales sin que se cumplan las características señaladas en las leyes que resulten aplicables. La sanción sólo procederá cuando exista una resolución previa, que haya quedado firme, respecto del criterio de clasificación de los datos personales;

VII. Incumplir el deber de confidencialidad establecido en el artículo 42 de la presente Ley;

VIII. No establecer las medidas de seguridad en los términos que establecen los artículos 31, 32 y 33 de la presente Ley;

IX. Presentar vulneraciones a los datos personales por la falta de implementación de medidas de seguridad según los artículos 31, 32 y 33 de la presente Ley;

X. Llevar a cabo la transferencia de datos personales, en contravención a lo previsto en la presente Ley;

XI. Obstruir los actos de verificación de la autoridad;

XII. Crear bases de datos personales en contravención a lo dispuesto por el artículo 5 de la presente Ley;

XIII. No acatar las resoluciones emitidas por el Instituto y los Organismos garantes, y

XIV. Omitir la entrega del informe anual y demás informes a que se refiere el artículo 44, fracción VII de la Ley General de Transparencia y Acceso a la Información Pública, o bien, entregar el mismo de manera extemporánea.

Las causas de responsabilidad previstas en las fracciones I, II, IV, VI, X, XII, y XIV, así como la reincidencia en las conductas previstas en el resto de las fracciones de este artículo, serán consideradas como graves para efectos de su sanción administrativa.

En caso de que la presunta infracción hubiere sido cometida por algún integrante de un partido político, la investigación y, en su caso, sanción, corresponderán a la autoridad electoral competente.

Las sanciones de carácter económico no podrán ser cubiertas con recursos públicos.

Artículo 164

Para las conductas a que se refiere el artículo anterior se dará vista a la autoridad competente para que imponga o ejecute la sanción.

Artículo 165

Las responsabilidades que resulten de los procedimientos administrativos correspondientes, derivados de la violación a lo dispuesto por el artículo 163 de esta Ley, son independientes de las del orden civil, penal o de cualquier otro tipo que se puedan derivar de los mismos hechos.

Dichas responsabilidades se determinarán, en forma autónoma, a través de los procedimientos previstos en las leyes aplicables y las sanciones que, en su caso, se impongan por las autoridades competentes, también se ejecutarán de manera independiente.

Para tales efectos, el Instituto o los organismos garantes podrán denunciar ante las autoridades competentes cualquier acto u omisión violatoria de esta Ley y aportar las pruebas que consideren pertinentes, en los términos de las leyes aplicables.

Artículo 166

Ante incumplimientos por parte de los partidos políticos, el Instituto u organismo garante competente, dará vista, según corresponda, al Instituto Nacional Electoral o a los organismos públicos locales electorales de las Entidades Federativas competentes, para que resuelvan lo conducente, sin perjuicio de las sanciones establecidas para los partidos políticos en las leyes aplicables.

En el caso de probables infracciones relacionadas con fideicomisos o fondos públicos, el Instituto u organismo garante competente deberá dar vista al órgano interno de control del sujeto obligado relacionado con éstos, cuando sean servidores públicos, con el fin de que instrumenten los procedimientos administrativos a que haya lugar.

Artículo 167

En aquellos casos en que el presunto infractor tenga la calidad de servidor público, el Instituto o el organismo garante, deberá remitir a la autoridad competente, junto con la denuncia correspondiente, un Expediente en que se contengan todos los elementos que sustenten la presunta responsabilidad administrativa.

La autoridad que conozca del asunto, deberá informar de la conclusión del procedimiento y, en su caso, de la ejecución de la sanción al Instituto o al organismo garante, según corresponda.

A efecto de sustanciar el procedimiento citado en este artículo, el Instituto, o el organismo garante que corresponda, deberá elaborar una denuncia dirigida a la contraloría, órgano interno de control o equivalente, con la descripción precisa de los actos u omisiones que, a su consideración, repercuten en la adecuada aplicación de la presente Ley y que pudieran constituir una posible responsabilidad.

Asimismo, deberá elaborar un expediente que contenga todos aquellos elementos de prueba que considere pertinentes para sustentar la existencia de la posible responsabilidad. Para tal efecto, se deberá acreditar el nexo causal existente entre los hechos controvertidos y las pruebas presentadas.

La denuncia y el Expediente deberán remitirse a la contraloría, órgano interno de control o equivalente dentro de los quince días siguientes a partir de que el Instituto o el organismo garante correspondiente tenga conocimiento de los hechos.

Artículo 168

En caso de que el incumplimiento de las determinaciones de los Organismos garantes implique la presunta comisión de un delito, el organismo garante respectivo deberá denunciar los hechos ante la autoridad competente.

TRANSITORIOS

Primero

La presente Ley entrará en vigor al día siguiente de su publicación en el Diario Oficial de la Federación.

Segundo

La Ley Federal de Transparencia y Acceso.a (sic) la Información Pública, las demás leyes federales y las leyes vigentes de las Entidades Federativas en materia de protección de datos personales, deberán ajustarse a las disposiciones previstas en esta norma en un plazo de seis meses siguientes contado a partir de la entrada en vigor de la presente Ley.

En caso de que el Congreso de la Unión o las Legislaturas de las Entidades Federativas omitan total o parcialmente realizar las adecuaciones legislativas a que haya lugar, en el plazo establecido en el párrafo anterior, resultará aplicable de manera directa la presente Ley, con la posibilidad de seguir aplicando de manera supletoria las leyes preexistentes en todo aquello que no se oponga a la misma, hasta en tanto no se cumpla la condición impuesta en el presente artículo.

Tercero

La Cámara de Diputados, las Legislaturas de las Entidades Federativas, en el ámbito de sus respectivas competencias, deberán hacer las previsiones presupuestales necesarias para la operación de la presente Ley y establecer las partidas presupuestales específicas en el Presupuesto de Egresos de la Federación y en los Presupuestos de Egresos de las Entidades Federativas, según corresponda, para el siguiente ejercicio fiscal a su entrada en vigor.

Cuarto

Se derogan todas aquellas disposiciones en materia de protección de datos personales, de carácter federal, estatal y municipal, que contravengan lo dispuesto por la presente Ley.

Quinto

El Instituto y los Organismos garantes deberán emitir los lineamientos a que se refiere esta Ley y publicarlos en el Diario Oficial de la Federación, o en sus Gacetas o Periódicos Oficiales locales, respectivamente, a más tardar en un año a partir de la entrada en vigor del presente Decreto.

Sexto

El Sistema Nacional de Transparencia, Acceso a la Información y Protección de Datos Personales deberá emitir el Programa Nacional de Protección de Datos Personales a que se refiere esta Ley y publicarlo en el Diario Oficial de la Federación, a más tardar en un año a partir de la entrada en vigor del presente Decreto, independientemente del ejercicio de otras atribuciones que se desprenden de la Ley General de Transparencia y Acceso a la Información Pública.

Séptimo

Los sujetos obligados correspondientes deberán tramitar, expedir o modificar su normatividad interna a más tardar dentro de los dieciocho meses siguientes a la entrada en vigor de esta Ley.

Octavo

No se podrán reducir o ampliar en la normatividad de las Entidades Federativas, los procedimientos y plazos vigentes aplicables en la materia, en perjuicio de los titulares de datos personales.

Ciudad de México, a 13 de diciembre de 2016.- Sen. Pablo Escudero Morales, Presidente.- Dip. Edmundo Javier Bolaños Aguilar, Presidente.- Sen. Lorena Cuellar Cisneros, Secretaria.- Dip. María Eugenia Ocampo Bedolla, Secretaria.- Rúbricas."

En cumplimiento de lo dispuesto por la fracción I del Artículo 89 de la Constitución Política de los Estados Unidos Mexicanos, y para su debida publicación y observancia, expido el presente Decreto en la Residencia del Poder Ejecutivo Federal, en la Ciudad de México, a veinticuatro de enero de dos mil diecisiete.- Enrique Peña Nieto.- Rúbrica.- El Secretario de Gobernación, Miguel Ángel Osorio Chong.- Rúbrica.

JURISPRUDENCIA

Registro digital: 2027220

TRANSFERENCIA DE DATOS PERSONALES SIN CONSENTIMIENTO DEL TITULAR. EL ARTÍCULO 70, FRACCIÓN III, DE LA LEY GENERAL DE PROTECCIÓN DE DATOS PERSONALES EN POSESIÓN DE SUJETOS OBLIGADOS QUE LA PREVÉ, NO VULNERA EL DERECHO FUNDAMENTAL A LA PROTECCIÓN DE DATOS PERSONALES.

Hechos: Con motivo de la declaración patrimonial presentada por una persona servidora pública, la institución pública en la que laboraba se percató que, durante el periodo de su encargo, ésta incrementó su patrimonio de manera considerable sin que acreditara su legítima procedencia. Por tales hechos, fue vinculada a proceso por el delito de enriquecimiento ilícito, determinación que fue confirmada en apelación. Inconforme, presentó demanda de amparo indirecto en la que reclamó la inconstitucionalidad de los artículos 224 del Código Penal Federal y 70, fracción III, de la Ley General de Protección de Datos Personales en Posesión de Sujetos Obligados. El Tribunal Unitario del conocimiento negó la protección constitucional; en contra de esta resolución, se interpuso recurso de revisión.

Criterio jurídico: La Primera Sala de la Suprema Corte de Justicia de la Nación determina que el artículo 70, fracción III, de la Ley General de Protección de Datos Personales en Posesión de Sujetos Obligados, no vulnera el derecho fundamental a la protección de datos personales al autorizar a los sujetos obligados a transferir las declaraciones patrimoniales de las personas servidoras públicas sin su consentimiento cuando sea legalmente exigible para la investigación y persecución de delitos, así como para la procuración o administración de justicia; sin que sea necesario el control judicial previo, sino únicamente que dicho acto esté debidamente fundado y motivado.

Justificación: Si bien los artículos 6o, apartado A, fracciones I, III y VIII, así como 16, párrafo segundo, de la Constitución Política de los Estados Unidos Mexicanos establecen un amplio ámbito de protección en favor de todas las personas para controlar la información que les concierna, así como para su acceso, uso y disposición, la Constitución General establece diferentes finalidades y objetivos para el tratamiento de datos personales de las personas servidoras públicas, especialmente en lo que respecta a su información patrimonial. Lo anterior es así, porque derivado de los artículos 6o, apartado A, 108, párrafo quinto, 109 y 113 constitucionales y de la Convención Interamericana contra la Corrupción y de la Convención de las Naciones Unidas contra la Corrupción, existen medidas específicas para prevenir, asignar responsabilidades, rendir cuentas, facilitar la cooperación internacional y remediar el fenómeno de la corrupción. En tal contexto, las declaraciones patrimoniales y de intereses que están constitucionalmente obligadas a presentar las personas servidoras públicas cumplen una función preventiva indispensable para el funcionamiento transparente y responsable de las autoridades públicas y están en estrecha relación con la posible asignación de responsabilidades y remedios contra la corrupción, ya que cuando éstas acceden al servicio público son conscientes de la obligación de presentar las referidas declaraciones y modifica la expectativa razonable de privacidad que tienen sobre su información patrimonial.

Registro digital: 2027199

PROCEDIMIENTO DE PROTECCIÓN DE DATOS PERSONALES EN POSESIÓN DE PARTICULARES. PUEDE PROMOVERSE EN CUALQUIER MOMENTO A PARTIR DE QUE VENCE EL PLAZO LEGAL PARA QUE EL SUJETO OBLIGADO NOTIFIQUE LA RESPUESTA A UNA SOLICITUD DE ACCESO, RECTIFICACIÓN, CANCELACIÓN U OPOSICIÓN DE DATOS PERSONALES, EN EL SUPUESTO DE QUE NO SE EMITA.

Hechos: Los Tribunales Colegiados de Circuito contendientes llegaron a conclusiones discrepantes en torno a si es aplicable o no el plazo de quince días previsto en el artículo 45, párrafo primero, de la Ley Federal de Protección de Datos Personales en Posesión de Particulares, para promover el procedimiento de protección de datos personales que establece el artículo 35 de la ley en cita, en el supuesto de que el sujeto obligado no emita respuesta dentro del plazo legal a una solicitud de acceso, rectificación, cancelación u oposición de datos personales.

Criterio jurídico: El Pleno Regional en Materia Administrativa de la Región Centro-Norte, con residencia en la Ciudad de México, determina que el procedimiento de protección de derechos puede promoverse en cualquier momento a partir de que venza el plazo legal para que el sujeto obligado emita y notifique la respuesta a una solicitud de acceso, rectificación, cancelación u oposición de datos personales, en el supuesto de que no se emita.

Justificación: Conforme a lo previsto en el artículo 16, segundo párrafo, de la Constitución Política de los Estados Unidos Mexicanos, la exégesis literal, sistemática y finalista de los artículos 28, 32, 34 y 45, párrafos primero y segundo, de la Ley Federal de Protección de Datos Personales en Posesión de Particulares, los principios de interpretación conforme, pro persona y de seguridad jurídica, así como lo considerado en casos análogos por el Máximo Tribunal, se concluye que en el supuesto referido no opera el plazo de quince días previsto en el artículo 45, párrafo primero, de la Ley Federal de Protección de Datos Personales en Posesión de Particulares, para instar el procedimiento de protección de datos personales, de manera que se puede presentar la solicitud en cualquier tiempo posterior al vencimiento del plazo dispuesto en la ley, mientras no se emita y notifique la respuesta, pues la ley sólo prevé ese plazo para el supuesto en que se produzca la respuesta, además de que, de aplicarse el plazo, el titular de los datos personales vería frustrada la posibilidad de ejercer sus derechos como consecuencia tanto de la inactividad injustificada del sujeto responsable, como de la imposición de un plazo para defenderse, aunado a que se afectaría el interés de la sociedad en la eficacia del núcleo central del régimen de protección de los derechos de acceso, rectificación, cancelación y oposición (ARCO) en materia de datos personales.

Registro digital: 2026586

PROTECCIÓN DE DATOS PERSONALES. LA OBLIGACIÓN FORMAL A CARGO DE LAS PERSONAS MORALES DE PRESENTAR AVISOS SOBRE LAS INCORPORACIONES O MODIFICACIONES DE SOCIOS, ACCIONISTAS, ASOCIADOS Y PERSONAS CON CARGOS SEMEJANTES PREVISTA EN EL ARTÍCULO 27, APARTADO B, FRACCIÓN VI, DEL CÓDIGO FISCAL DE LA FEDERACIÓN, NO TRANSGREDE AQUEL DERECHO.

Hechos: Una persona moral reclamó la inconstitucionalidad del artículo 27, apartado B, fracción VI, del Código Fiscal de la Federación, entre otros motivos, respecto a la obligación de informar al Registro Federal de Contribuyentes sobre las incorporaciones y modificaciones de sus socios, accionistas y asociados, aduciendo violación al derecho a la protección de datos personales del ente societario. En el juicio de amparo, el Juez de Distrito sobreseyó respecto de tal reclamo por considerar que la norma es de naturaleza heteroaplicativa y, en la revisión, el tribunal revisor revocó tal determinación y remitió los autos a la Suprema Corte de Justicia de la Nación para analizar el planteamiento vertido por la parte quejosa.

Criterio jurídico: La Segunda Sala de la Suprema Corte de Justicia de la Nación determina que la obligación de las personas morales de informar al Registro Federal de Contribuyentes sobre los movimientos corporativos del ente social contribuyente (modificación o incorporación de socios, accionistas, asociados y personas con cargos semejantes) mediante el aviso de actualización a que se refiere el artículo 27, apartado B, fracción VI, del Código Fiscal de la Federación, no transgrede el derecho a la protección de datos personales.

Justificación: El artículo 27, apartado B, fracción VI, del Código Fiscal de la Federación dispone el deber de las personas morales contribuyentes de presentar avisos a la autoridad fiscal sobre las modificaciones o incorporaciones que la empresa contribuyente realice de sus socios, accionistas, asociados y demás personas que por su naturaleza formen parte de su estructura orgánica. De los procesos legislativos de dicho precepto se desprende que el legislador consideró que con su inclusión se busca hacer frente a la creación de las denominadas "empresas factureras" que suelen ser utilizadas para la simulación de operaciones y la consecuente evasión fiscal. Así, con la entrega de avisos informativos sobre los movimientos corporativos del ente social se busca permitir a la autoridad encargada del manejo de esa información contar con elementos mínimos de identificación de las personas que participan en el ente social, a partir de los cuales podrán ejercerse las atribuciones legalmente previstas para investigar y sancionar irregularidades en la materia. Sobre esa base, la información entregada a la autoridad fiscal a causa del deber previsto en dicho precepto atiende al principio de finalidad en la protección de datos personales. Por otra parte, el derecho a la protección de datos personales no es absoluto pues, incluso, el artículo 22 de la Ley General de Protección de Datos Personales en Posesión de Sujetos Obligados prevé que no será necesario el consentimiento del titular de la información cuando una ley así lo disponga y ello sea acorde con las bases, principios y disposiciones previstos en la propia ley (fracción I); cuando la transferencia de información por parte del sujeto obligado se realice para el ejercicio de facultades propias, compatibles o análogas con la finalidad que motivó el tratamiento de los datos personales (fracción II), y cuando los datos personales se requieran para ejercer un derecho o cumplir obligaciones derivadas de una relación jurídica entre el titular y el responsable (fracción V). En ese sentido, la fracción VI del apartado B del artículo 27 del Código Fiscal de la Federación corresponde a un supuesto de excepción legal al derecho a la protección de datos personales que encuadra en las tres excepciones apuntadas, por lo que esa disposición atiende al principio de necesidad o proporcionalidad, ya que la información a entregar está estrechamente vinculada con la finalidad que se busca con la implementación de esa medida y, por lo mismo, se trata de información idónea y adecuada para que la autoridad pueda ejercer las facultades que legalmente le corresponden a efecto de verificar el debido cumplimiento de las obligaciones fiscales por parte de los contribuyentes, aunado al hecho de que esa información queda sujeta a las reglas y excepciones que al respecto se prevén en las normas federales aplicables a la transparencia y protección de datos personales.

Registro digital: 2026555

DECLARACIÓN DE SITUACIÓN PATRIMONIAL Y DE INTERESES. LOS ACUERDOS POR LOS QUE SE DAN A CONOCER LOS FORMATOS Y SE IMPONE LA OBLIGACIÓN A LOS SERVIDORES PÚBLICOS DE PRESENTARLA, NO VIOLAN LOS DERECHOS FUNDAMENTALES A LA IGUALDAD, A LA NO DISCRIMINACIÓN Y A LA PRIVACIDAD.

Hechos: En un juicio de amparo indirecto, un servidor público reclamó de diversas autoridades del Sistema Nacional Anticorrupción y de la Secretaría de la Función Pública, entre otros, la expedición y publicación del "Acuerdo por el que se modifican los anexos primero y segundo del Acuerdo por el que el Comité Coordinador del Sistema Nacional Anticorrupción emite el formato de declaraciones: de situación patrimonial y de intereses; y expide las normas e instructivo para su llenado y presentación", del "Acuerdo por el que el Comité Coordinador del Sistema Nacional Anticorrupción da a conocer que los formatos de declaración de situación patrimonial y de intereses son técnicamente operables con el Sistema de Evolución Patrimonial y de Declaración de Intereses de la Plataforma Digital Nacional, así como el inicio de la obligación de los servidores públicos de presentar sus respectivas declaraciones de situación patrimonial y de intereses conforme a los artículos 32 y 33 de la Ley General de Responsabilidades Administrativas" y del "Acuerdo por el que se reforma el diverso por el que se amplían los plazos previstos en el artículo 33 de la Ley General de Responsabilidades Administrativas, para presentar las declaraciones de situación patrimonial y de intereses en el año 2020, con motivo de las medidas de prevención y contención de la propagación de la enfermedad generada por el coronavirus SARS-CoV2 (COVID-19)", publicados en el Diario Oficial de la Federación el 23 de septiembre de 2019, el 24 de diciembre de 2019 y el 19 de junio de 2020, respectivamente, así como su aplicación a través de la presentación de la declaración de situación patrimonial y de intereses. El Juez de Distrito, por un lado, resolvió sobreseer en el juicio de amparo respecto de algunos actos y, en distinto aspecto, negar la protección constitucional en torno a los demás, al considerar que los acuerdos reclamados y su aplicación eran acordes al marco constitucional; inconforme con esa decisión, el quejoso interpuso recurso de revisión.

Criterio jurídico: Este Tribunal Colegiado de Circuito determina que los referidos acuerdos emitidos por el Comité Coordinador del Sistema Nacional Anticorrupción y por la Secretaría de la Función Pública no violan los derechos fundamentales a la igualdad, a la no discriminación y a la privacidad contenidos en la Norma Fundamental, en primer lugar, porque la obligación de presentar la declaración de situación patrimonial y de intereses corresponde a la totalidad de los servidores públicos, sin hacer una diferencia entre académicos, investigadores, maestros, dependencia o tipo de servidor público; en segundo, porque la obligación deriva del precepto 108 de la Constitución General y no está basada en alguna categoría sospechosa prevista en su artículo 1o. y, en tercero, porque a las versiones públicas de las declaraciones patrimonial y de intereses les resulta aplicable lo previsto en los artículos 113 y 116 de la Ley General de Transparencia y Acceso a la Información Pública, que disponen los casos en que se debe limitar su acceso, al clasificarla como reservada o confidencial.

Justificación: Lo anterior, porque del artículo 108, párrafos primero, cuarto y quinto, de la Constitución Política de los Estados Unidos Mexicanos deriva que se considerará como servidor público a toda persona que desempeñe un empleo, cargo o comisión de cualquier naturaleza en el Congreso de la Unión o en la administración pública federal, así como aquellos pertenecientes a los organismos a los que la Constitución les otorgue autonomía; de igual manera, establece la obligación de dichos funcionarios de presentar declaración patrimonial y de intereses, bajo protesta de decir verdad y ante la autoridad que corresponda. Por tanto, si el quejoso es un servidor público de una institución educativa que forma parte de un organismo administrativo desconcentrado de la Secretaría de Educación Pública, está obligado a rendir esa declaración. Es así, porque la finalidad de la reforma constitucional en materia de anticorrupción es establecer los mecanismos para la prevención, corrección e investigación de responsabilidades administrativas de los servidores públicos, para lo cual resulta necesario que se haga pública más información que la relacionada con un particular, de modo que exista un escrutinio público de los servidores y se generen los incentivos adecuados para evitar las conductas irregulares, tanto administrativas como penales, lo cual se considera un fin legítimo y, por ende, los formatos relativos a través de los cuales se presentan las declaraciones respectivas, son una medida idónea, necesaria y proporcional para alcanzar dicho fin. De ahí que conforme a un test de proporcionalidad ordinario, la finalidad es constitucionalmente válida y el medio utilizado es idóneo, por lo que la intervención a la privacidad del quejoso no es desproporcional y, en tal medida, no se requiere de un escrutinio estricto, pues en el caso no se está en las hipótesis previstas en el artículo 1o., párrafo último, de la Constitución General. Además, la publicidad de las declaraciones patrimoniales no implica que toda la sociedad pueda imponerse de su contenido, ya que en los acuerdos reclamados se prevén los datos personales que no serán susceptibles de publicación, así como que será responsabilidad de los Comités de Transparencia clasificar la información de las declaraciones como reservada cuando su publicidad ponga en riesgo la vida de una persona; máxime que algunos datos no serán identificables individualmente, en tanto que no serán revelados números de cuenta, contratos, datos de fideicomisos, entre otros, ni se prevé la publicidad de datos de identificación relacionados con la familia, aquellos que permitan identificar bienes inmuebles, muebles, al prescindir de su ubicación y número de placas y serie de los vehículos, sino que permanecerán en resguardo de la autoridad encargada de recabarla.

Registro digital: 2026242

INSTITUTO NACIONAL DE TRANSPARENCIA, ACCESO A LA INFORMACIÓN Y PROTECCIÓN DE DATOS PERSONALES. DADO SU CARÁCTER DE ÓRGANO CONSTITUCIONAL AUTÓNOMO, CUENTA CON ATRIBUCIONES PARA EMITIR NORMAS GENERALES TANTO SUSTANTIVAS COMO ADJETIVAS EN MATERIA DE PROTECCIÓN DE DATOS PERSONALES, INCLUIDAS AQUELLAS EN MATERIA DE DERECHO ADMINISTRATIVO SANCIONADOR.

Hechos: El Instituto Nacional de Transparencia, Acceso a la Información y Protección de Datos Personales (INAI) multó a una persona moral porque recabó datos personales financieros del denunciante sin contar con su consentimiento expreso y sustanció el procedimiento sancionador correspondiente, con fundamento en los Lineamientos de los Procedimientos de Protección de Derechos, de Investigación y Verificación, y de Imposición de Sanciones que el órgano constitucional autónomo emitió para tal efecto. La persona sancionada impugnó mediante juicio de nulidad esa decisión y, entre otros argumentos, razonó que los referidos lineamientos eran contrarios al orden constitucional por contravenir el principio de legalidad, tanto en su vertiente genérica como en su vertiente de subordinación jerárquica; la Sala responsable reconoció la validez de la multa, por lo que la persona sancionada reclamó dichos lineamientos a través del juicio de amparo. El Tribunal Colegiado de Circuito del conocimiento negó el amparo ante lo cual la quejosa interpuso recurso de revisión.

Criterio jurídico: La Segunda Sala de la Suprema Corte de Justicia de la Nación determina que la competencia constitucional otorgada al INAI para conocer de la materia de protección de datos personales en posesión de los particulares le concede amplias atribuciones, entre las que se encuentran la facultad de emitir normas generales tanto sustantivas como adjetivas en materia de protección de datos personales, ello en la medida de que, en su carácter de órgano constitucional autónomo, debe contar con las herramientas necesarias para el cumplimiento de sus deberes constitucionales. Bajo esa óptica, tanto los Lineamientos de los Procedimientos de Protección de Derechos, de Investigación y Verificación, y de Imposición de Sanciones, emitidos por el INAI para instaurar procedimientos sancionatorios, como la demás normativa que emita, incluida aquella en materia de derecho administrativo sancionador, serán acordes con el orden constitucional, siempre que tengan la finalidad de que el órgano constitucional autónomo cumpla con sus funciones y no se contravengan abiertamente disposiciones legales.

Justificación: El artículo 6, apartado A, fracción VIII, de la Constitución Política de los Estados Unidos Mexicanos, dispone que la Federación contará con un organismo autónomo especializado, responsable de garantizar el cumplimiento del derecho de acceso a la información pública y la protección de datos personales en posesión de sujetos obligados, el cual se regirá conforme a las bases que dispongan las leyes en esa materia que emita el Congreso de la Unión. Para cumplir con el deber encomendado debe realizar diversos procedimientos, entre los cuales están aquellos que tienen como finalidad sancionar a los infractores. En ese sentido, las bases de los procedimientos de investigación y de los sancionadores están previstas en la Ley Federal de Protección de Datos Personales en Posesión de los Particulares y, por ello, el INAI cuenta con atribuciones para emitir normas que los detallen, siempre que tengan una vinculación directa e inmediata con la debida observancia del derecho de acceso a la información pública y a la protección de datos personales en posesión de los sujetos obligados.

Registro digital: 2026107

DERECHO A LA PROTECCIÓN DE DATOS PERSONALES. SU APLICABILIDAD Y ALCANCES RESPECTO DE PERSONAS FALLECIDAS EN EL ÁMBITO CIVIL.

Hechos: Una asociación civil demandó la inconstitucionalidad del último párrafo del artículo 1392 Bis del Código Civil para la Ciudad de México que establecía la obligación de eliminar la información personal del autor de la sucesión contenida en registros públicos y privados para salvaguardar su derecho al olvido.

Criterio jurídico: La Primera Sala determinó que el derecho a la protección de datos personales puede continuar siendo aplicado respecto de personas fallecidas, ya sea a través de reglas preventivas que haya establecido el titular testamentariamente, así como para prevenir daños patrimoniales o afectivos en relación con los familiares, herederos y legatarios.

Justificación: El derecho humano a la protección de datos personales implica un ámbito de protección para todas las personas respecto de la información que les concierne, así como para su acceso, rectificación, cancelación u oposición. Lo anterior, para que los titulares puedan mantener control sobre el uso y disposición de dichos datos. Este derecho encuentra su justificación en motivos de carácter individual y social, los primeros porque permiten a las personas el desarrollo de su autonomía personal y la elección de la manera en que una persona se identifica y elige conducirse; por otro lado, los motivos de carácter social radican en su importancia actual para el correcto desarrollo de las relaciones de consumo, así como en la distribución justa y equitativa de todo tipo de bienes y servicios. Dichas justificaciones deben considerarse a la luz del desarrollo social y tecnológico actual para garantizar el goce real y efectivo de este derecho, ya que estas circunstancias permiten que los datos personales puedan conservarse durante un intervalo de tiempo mayor a aquellos de la vida de una persona, por lo que muchas de las justificaciones sobre la existencia de este derecho persisten aun en caso de su muerte. Si bien este derecho fundamental no puede tener los mismos alcances que para las personas vivas, ya que los aspectos relacionados con el desarrollo de la autonomía personal terminan con la muerte, es posible extender la aplicabilidad de este derecho a través de disposiciones preventivas que realice el titular en su testamento, así como la prevención de daños patrimoniales o afectivos que pudieran resultar por el manejo de dicha información en perjuicio de los familiares o herederos.

Registro digital: 2025995

DERECHO AL OLVIDO. EL ÚLTIMO PÁRRAFO DEL ARTÍCULO 1392 BIS DEL CÓDIGO CIVIL PARA LA CIUDAD DE MÉXICO QUE ESTABLECE ESTE DERECHO ES INCOMPATIBLE CON LAS NORMAS CONSTITUCIONALES EN MATERIA DE LIBERTAD DE EXPRESIÓN Y LIBRE ACCESO A LA INFORMACIÓN.

Hechos: Una asociación civil demandó la inconstitucionalidad del último párrafo del artículo 1392 Bis del Código Civil para la Ciudad de México que establecía la obligación de eliminar la información personal del autor de la sucesión contenida en registros públicos y privados para salvaguardar su derecho al olvido.

Criterio jurídico: La Primera Sala determinó que el derecho al olvido como ha sido formulado en el derecho de la Unión Europea respecto de la supresión o cancelación de datos personales es incompatible con las normas constitucionales y convencionales en materia de libertad de expresión y del derecho al libre acceso a la información.

Justificación: No existe alguna norma en nuestro país en donde se establezca el contenido y los alcances del derecho al olvido, sino que se trata de un término normalmente utilizado en el derecho de la Unión Europea en relación con el derecho de supresión o cancelación de datos personales cuando en dicha información se actualicen ciertos supuestos, a saber: que ya no sea necesaria en relación con los fines del tratamiento, que se retire el consentimiento para el tratamiento, cuando dichos datos sean tratados con finalidades de mercadeo y el titular se oponga a éste, cuando se hubieran tratado los datos de manera ilícita o si se procesó información de un niño para la oferta de servicios de tecnologías de la información. Supuestos que obligan a cualquier responsable del tratamiento de datos personales incluyendo aquellos casos en los que el tratamiento sea a través de buscadores de Internet o motores de búsqueda implementados por tecnologías de la información. Sin embargo, la formulación del derecho al olvido en dicha instancia internacional es incompatible con las normas constitucionales y convencionales de nuestro país respecto de la libertad de expresión y del derecho al libre acceso a la información. La primera razón de la incompatibilidad resulta de la diferencia entre las reglas en materia de libertad de expresión y acceso a la información establecidas en el sistema interamericano de derechos humanos respecto de aquellas de la Unión Europea y del Consejo de Europa, ya que la Convención Americana sobre Derechos Humanos prohíbe de manera clara todo acto de censura previa y únicamente permite la determinación de responsabilidades ulteriores en materia de libertad de expresión, mientras que las reglas de la Unión Europea y de la Convención Europea de Derechos Humanos no prohíben estas medidas preventivas a la publicación; derivado de esta diferencia, la protección de datos personales no puede constituir una justificación para impedir o controlar de manera previa las publicaciones presentes o futuras que se pudieran realizar en ejercicio de la libertad de expresión y que contengan información de una persona. La segunda razón de la incompatibilidad deriva de los artículos 6o. y 7o. de la Constitución Federal, que establece la presunción de que toda información que se ha hecho pública permanezca con ese carácter, sin que el mero paso del tiempo conlleve que determinada información pierda su interés público, ya que la fijación de plazos sería irrazonable y contrario a los principios que rigen a la libertad de expresión en una sociedad democrática. La tercera incompatibilidad deriva de lo establecido en los artículos 7o. y 14 de la Constitución Federal, ya que no puede asignarse a entidades privadas, tales como motores de búsqueda en Internet, la obligación de vigilar y determinar qué información cumple una función pública y cuál debe eliminarse de los resultados de búsqueda, lo que generaría un incentivo para estos intermediarios de Internet para remover información y evitar responsabilidades civiles o administrativas, además de que la facultad que se le podría asignar a un órgano del Estado para esta determinación podría constituir un medio para la censura indirecta, sin la existencia de un juicio y sin seguir las formalidades del debido proceso.

Registro digital: 2023860

EDUCACIÓN. LOS ARTÍCULOS 158, FRACCIÓN XI, 159 Y 160, FRACCIÓN VIII, DE LA LEY GENERAL RELATIVA, NO VIOLAN EL DERECHO A LA PROTECCIÓN DE DATOS PERSONALES PREVISTO EN LOS ARTÍCULOS 6, APARTADO A, FRACCIÓN II, Y 16, SEGUNDO PÁRRAFO, DE LA CONSTITUCIÓN FEDERAL.

Hechos: En un juicio de amparo indirecto una escuela privada reclamó, por su sola vigencia, diversas normas de la Ley General de Educación que regulan a los planteles educativos privados como parte del Sistema Educativo Nacional.

Criterio jurídico: La Segunda Sala de la Suprema Corte de Justicia de la Nación determina que los artículos 158, fracción XI, 159 y 160, fracción VIII, de la Ley General de Educación, al permitir que en las visitas de vigilancia la autoridad educativa entreviste a directivos y personal de los colegios y, sobre todo, les tome fotografías y videograbación, no viola el derecho a la protección de datos personales previsto en los artículos 6, apartado A, fracción II, y 16, segundo párrafo, de la Constitución Federal.

Justificación: Dado que el objetivo de las visitas de inspección es comprobar que los planteles educativos particulares cumplan con las exigencias para su operatividad en condiciones de seguridad y eficiencia, queda justificada la posibilidad de realizar entrevistas, fotografías y filmaciones con el personal directivo, docente y demás empleados; respecto de los cuales, no sólo por disposición expresa del artículo 158 de la Ley General de Educación, sino también por la aplicación directa del mandato contenido en el artículo 6, apartado A, fracción II, de la Constitución Federal, la autoridad, al ejercer sus facultades de verificación, está vinculada a proteger sus datos personales y aquellos que se refieran a la vida privada en los términos que fije la ley, esto es, observando lo que, en relación con esa protección, establece la legislación aplicable en cada caso en materia de transparencia y acceso a la información pública (general, federal y local).

Registro digital: 2023247

ACCESO A LA INFORMACIÓN PÚBLICA. LA FRACCIÓN XII DEL ARTÍCULO 7 DE LA LEY FEDERAL DE TRANSPARENCIA Y ACCESO A LA INFORMACIÓN PÚBLICA GUBERNAMENTAL (ABROGADA), ESTABLECE UNA EXCEPCIÓN A LA CONFIDENCIALIDAD DE LOS DATOS PERSONALES, AL PREVER COMO OBLIGACIÓN OFICIOSA O DE TRANSPARENCIA PROACTIVA PUBLICAR EL NOMBRE DE LAS PERSONAS FÍSICAS O MORALES TITULARES DE UNA CONCESIÓN, AUTORIZACIÓN O PERMISO.

Si bien el nombre de una persona física es un "dato personal" cuya publicidad se encuentra sujeta al consentimiento previo que, con respecto a éste, otorgue su titular, dicha información adquiere una dimensión distinta en su protección cuando se vuelve un dato que evidencie a quién fue otorgado un permiso, concesión o licitación pública por parte de las autoridades del Estado, de modo que se traduce en una pieza de información pública, de acuerdo con lo dispuesto por el artículo 7, fracción XII, de la Ley Federal de Transparencia y Acceso a la Información Pública Gubernamental (abrogada), a la que debe darse acceso, salvo que se actualice la hipótesis de que exista causa legal de reserva. Esto se explica en razón de que las licitaciones, concesiones y permisos, constituyen una manifestación externa y material de la actividad decisoria del Estado y, por regla general, guardan una estrecha vinculación con la gestión de los recursos y bienes públicos o permisiones y habilitaciones de la administración a favor de una persona determinada dentro del cúmulo social, por lo que su escrutinio público importa no sólo en tanto a cómo o por qué se han llevado a cabo tales actos de la autoridad, sino también importa quién o quiénes han sido destinatarios de esos actos en particular. Así, para lograr una debida rendición de cuentas por parte de los órganos del Estado y asignar responsabilidades a sus propios funcionarios que excedan las disposiciones o sus propias facultades previstas en la ley, es necesario conocer, como lo prevé expresamente la ley, la identidad de aquellas personas físicas o morales a quienes se dieron permisos, concesiones o contratos públicos; de modo que debe entenderse que esta norma resulta ser una excepción a la diversa que establece que la información pública o publicada guardará los datos personales en ella contenidos y, atento a ese mandato, se convierte en información pública y su difusión en ese medio electrónico debe ser oficiosa para todos los entes del Estado. Por lo mismo, no se requiere para ello de consentimiento previo del titular de la concesión o permiso, todo lo cual, a su vez, tiene como base que el derecho a la protección de datos personales no es absoluto y encuentra su inflexión en el ejercicio de otras libertades individuales o sociales o en aquellos límites expresamente reglados en las leyes.

Registro digital: 2023246

ACCESO A LA INFORMACIÓN. NOMBRES DE TITULARES DE PERMISOS DE ARMAS DE FUEGO PARA ACTIVIDADES DEPORTIVAS, DE TIRO, CACERÍA Y CHARRERÍA, ES INFORMACIÓN PÚBLICA DE PUBLICACIÓN OFICIOSA, CUYA PUBLICIDAD NO REQUIERE DEL CONSENTIMIENTO DE LA PERSONA A QUIEN IDENTIFICA, AUN CUANDO ES FACTIBLE QUE SE ACTUALICE ALGUNA CAUSA QUE JUSTIFIQUE SU RESERVA TEMPORAL.

La información consistente en los nombres de los permisionarios de armas de fuego relacionadas con el desarrollo de actividades deportivas, de tiro, cacería y charrería, actualiza la excepción de guardar los datos personales prevista en la fracción XII del artículo 7 de la Ley Federal de Transparencia y Acceso a la Información Pública Gubernamental (abrogada), que señala que se trata ésta de información pública cuya divulgación es incluso de oficio. Si bien la posesión de armas de fuego en el domicilio (artículo 10 de la Constitución Federal) es un derecho fundamental para todas las personas en el Estado Mexicano, tratándose de armas relacionadas con el desarrollo de actividades deportivas, de tiro, cacería y charrería —lo que involucra tanto una posesión como una portación— tal derecho sólo puede ser ejercido cuando así lo autorice la autoridad, en términos de los artículos 10 y 19 de la Ley Federal de Armas de Fuego y Explosivos, por lo que se trata de actividades que salen del libre ejercicio, insertándose dentro de aquellas que resulta necesaria autorización y sin ésta la portación es considerada como ilícita. Por ello, el dato de quienes han sido autorizados para esta actividad es un dato público y de publicación oficiosa, para lo cual no se precisa del conocimiento de los autorizados o permisionarios, aun cuando, como toda información pública, puedan actualizarse causas legales de reserva de la información que justifiquen desplazar en el tiempo el acceso de la misma.

Registro digital: 2022917

SINDICATOS, FEDERACIONES Y CONFEDERACIONES. EL ARTÍCULO 358, FRACCIÓN IV, DE LA LEY FEDERAL DEL TRABAJO, AL ESTABLECER EL DEBER DE SU DIRECTIVA DE RENDIR CUENTA COMPLETA Y DETALLADA DE LA ADMINISTRACIÓN DE SU PATRIMONIO, NO VIOLA EL DERECHO DE ACCESO A LA INFORMACIÓN Y DE PROTECCIÓN DE DATOS PERSONALES (LEGISLACIÓN VIGENTE A PARTIR DEL 1 DE MAYO DE 2019).

Hechos: Varios sindicatos promovieron juicios de amparo indirecto en contra del artículo 358, fracción IV, de la Ley Federal del Trabajo, reformado mediante decreto publicado en el Diario Oficial de la Federación el 1 de mayo de 2019, al considerar que la obligación impuesta a la directiva sindical de rendir cuenta completa y detallada de la administración de su patrimonio a sus agremiados, implica una violación al derecho de salvaguardar los datos personales de la asociación sindical, de conformidad con el artículo 6o., apartado A, de la Constitución Política de los Estados Unidos Mexicanos.

Criterio jurídico: La Segunda Sala de la Suprema Corte de Justicia de la Nación determina que la obligación impuesta a las directivas sindicales en el artículo 358, fracción IV, de la Ley Federal del Trabajo, de rendir cuenta completa y detallada de la administración de los recursos del sindicato, no vulnera el derecho de acceso a la información y protección de datos personales.

Justificación: De acuerdo con los artículos 6o., apartado A, 16, párrafo segundo y 123, apartado A, fracciones XVI y XXII Bis, de la Constitución Política de los Estados Unidos Mexicanos, los trabajadores que decidan asociarse en sindicatos tienen derecho a la protección de sus datos personales en posesión de particulares o de cualquier autoridad. De esa manera, las directivas de los sindicatos, federaciones y confederaciones, al cumplir con su deber de rendir cuenta a sus agremiados, deben actuar en términos de la Ley Federal de Protección de Datos Personales en Posesión de los Particulares, la cual establece el tratamiento que un particular debe dar a la información personal en posesión de particulares, cuyo fin es garantizar la privacidad y el derecho de autodeterminación informativa de las personas, lo que no vulnera el derecho de acceso a la información y protección de datos personales, pues parte del principio de representatividad de sus agremiados es precisamente brindarles información del patrimonio del sindicato y su administración, por ser quienes lo integran y aportan sus cuotas.

Registro digital: 2022666

FACULTADES DEL INSTITUTO NACIONAL DE TRANSPARENCIA, ACCESO A LA INFORMACIÓN Y PROTECCIÓN DE DATOS PERSONALES (INAI). LAS EJERCIDAS AL IMPONER SANCIONES ECONÓMICAS, DERIVADO DE LA DENUNCIA PRESENTADA POR UN PARTICULAR, SON REGLADAS Y NO DISCRECIONALES.

Hechos: El Instituto Nacional de Transparencia, Acceso a la Información y Protección de Datos Personales (INAI) recibió la denuncia de un particular contra una empresa de telefonía, derivado de la recepción de diversas llamadas y mensajes de texto realizados por un despacho de cobranza, por un adeudo existente con diversa persona moral. Posteriormente, el Pleno de ese órgano impuso a la compañía denunciada diversas sanciones económicas, al estimar que cometió las infracciones previstas en el artículo 63, fracciones IV, VIII, IX y XIII, de la Ley Federal de Protección de Datos Personales en Posesión de los Particulares, por incumplir los preceptos 6, 7, 8, 12, 13 y 21 del mismo ordenamiento, al haber divulgado los datos personales del titular a terceros, en detrimento de sus intereses y privacidad, incumpliendo además con el deber de confidencialidad; determinación contra la cual aquélla promovió juicio contencioso administrativo, en el que se resolvió declarar la nulidad de la resolución impugnada, para el efecto de que se emita una nueva, en la que se motive debidamente la gravedad de las infracciones. Inconforme con esa sentencia, la empresa promovió juicio de amparo, en el que argumenta que la nulidad declarada no debió ser para efectos, al provenir la resolución impugnada de las facultades discrecionales de la autoridad administrativa.

Criterio jurídico: Este Tribunal Colegiado de Circuito determina que las facultades ejercidas por el Instituto Nacional de Transparencia, Acceso a la Información y Protección de Datos Personales, al sancionar económicamente a una empresa telefónica, derivado de la denuncia presentada por un particular en los términos descritos, son regladas y no discrecionales.

Justificación: Lo anterior, porque se está en presencia de una facultad reglada, al dar inicio a un procedimiento a instancia de parte, regulado en la ley de la materia, que debe culminar con el dictado de una resolución, y en el que para la motivación de la sanción, deben tomarse en cuenta determinados presupuestos normativos. Esto es, el procedimiento que prepara o enmarca el dictado de una sanción no implica, per se, el ejercicio de facultades discrecionales, ya que es previo y preparatorio para ejercer el arbitrio sancionador. En consecuencia, el procedimiento en sus distintas fases, que culmina con una resolución en donde se valoran aspectos para individualizar la sanción, constituye un aspecto reglado, por lo que las violaciones durante él cometidas, son aquellas a que se refieren las fracciones II y III del artículo 51 de la Ley Federal de Procedimiento Contencioso Administrativo y la ilegalidad en que pueda incurrirse conlleva una nulidad para efectos, sin involucrar aún temas de fondo, los que se actualizan con el dictado de la sanción propiamente dicha.

Registro digital: 2022607

PRUEBA DE INFORME DE UNA INSTITUCIÓN MÉDICA OFRECIDA POR LA CONTRAPARTE DE LA QUEJOSA. EL ACUERDO QUE LA ADMITE Y ORDENA REMITIR COPIA DEL EXPEDIENTE CLÍNICO DE SU HIJO DIFUNTO, VULNERA EL DERECHO SUSTANTIVO A LA PROTECCIÓN DE DATOS PERSONALES.

Hechos: La quejosa, en su carácter de madre de un menor difunto, reclamó el acuerdo dictado en el juicio civil de origen en el que se admitieron las pruebas ofrecidas por su contraparte, consistentes en informes de autoridad a cargo de instituciones de salud públicas, a fin de que comunicaran si en sus archivos existía expediente clínico de aquél y, en todo caso, remitieran copia certificada del mismo.

Criterio jurídico: Este Tribunal Colegiado de Circuito determina que el acuerdo reclamado vulnera el derecho sustantivo a la protección de datos personales del menor difunto, previsto en los artículos 6o., apartado A, fracciones II y VIII, y 16, párrafo segundo, de la Constitución Política de los Estados Unidos Mexicanos.

Justificación: Lo anterior, porque en dicho acuerdo se admitieron las aludidas pruebas de informe de autoridad, sin condición alguna, es decir, no se garantizó la no exhibición de la información confidencial contenida en el expediente clínico del menor finado, pues el a quo al resolver sobre la constitucionalidad de la resolución reclamada omitió constatar si en ésta se establecieron medidas de seguridad para garantizar la protección y confidencialidad de los datos personales que contuviera aquél. Esto es, para convalidar la constitucionalidad de dicha resolución, no bastaba evidenciar que la juzgadora responsable tuviera facultades legales para solicitar información relacionada con el referido expediente clínico, sino también debió analizarse si se establecieron dichas medidas de seguridad para prevenir la divulgación de los datos personales sensibles del menor de cujus.

Registro digital: 2022606

PRUEBA DE INFORME DE UNA INSTITUCIÓN MÉDICA A FIN DE QUE SE REMITA COPIA CERTIFICADA DE UN EXPEDIENTE CLÍNICO. MEDIDAS DE SEGURIDAD ESPECÍFICAS PARA GARANTIZAR LA PROTECCIÓN Y CONFIDENCIALIDAD DE LOS DATOS PERSONALES CONTENIDOS EN ÉSTE (LEGISLACIÓN DEL ESTADO DE SONORA).

Hechos: La quejosa, en su carácter de madre de un menor difunto, reclamó el acuerdo dictado en el juicio civil de origen en el que se admitieron las pruebas ofrecidas por su contraparte, consistentes en informes de autoridad a cargo de instituciones de salud públicas, a fin de que comunicaran si en sus archivos existía expediente clínico de aquél y, en todo caso, remitieran copia certificada del mismo.

Criterio jurídico: Este Tribunal Colegiado de Circuito establece que las medidas de seguridad específicas para garantizar la protección y confidencialidad de los datos personales contenidos en el expediente clínico ofrecido como prueba son las siguientes: 1) permanezca en todo momento bajo resguardo en las instalaciones del juzgado; 2) no podrá estar glosado al expediente judicial; 3) únicamente podrá ser manipulado por personal del juzgado expresamente autorizado para ello; 4) su consulta deberá ser previo registro, en el cual se asiente el nombre de la persona a consultarlo, la fecha y la justificación para el acceso; y, 5) sólo podrá permitirse la reproducción digital de las constancias que lo integran, previa valoración del Juez y suprimiendo los datos personales del de cujus; así como cualquier otra medida para garantizar la protección y seguridad de la información confidencial, en concordancia con lo establecido en la Ley Número 192 de Protección de Datos Personales en Posesión de Sujetos Obligados del Estado de Sonora.

Justificación: Lo anterior, porque este tribunal advierte que el a quo, al resolver sobre el acuerdo reclamado, no garantizó la protección de los datos personales del de cujus ni tomó las medidas necesarias para asegurar la confidencialidad de aquellos contenidos en el expediente clínico, pues al no establecerse las medidas en cuestión desde la admisión de las pruebas de informe de autoridad, se corre el riesgo de que una vez remitidas las copias certificadas correspondientes no hubiera un manejo adecuado por parte de la autoridad jurisdiccional con lo que se consumaría irreparablemente la violación alegada en el juicio constitucional, sin perjuicio de que la autoridad de primera instancia, en todo caso, pueda considerarse responsable de la protección de los datos personales sensibles que llegara a contener la información recabada y pueda incurrir en responsabilidad administrativa por el incumplimiento de las obligaciones relativas.

Registro digital: 2022375

PROTECCIÓN DE DATOS PERSONALES Y DEFENSA ADECUADA, EN SU VERTIENTE DE ACCESO A LOS REGISTROS DE LA INVESTIGACIÓN. SI EL ACTO RECLAMADO LO CONSTITUYE EL ACUERDO MINISTERIAL QUE RESTRINGE AL INCULPADO LA FIJACIÓN FOTOGRÁFICA DE ACTUACIONES QUE CONTIENEN DATOS PERSONALES DEL DENUNCIANTE, DE TESTIGOS DE CARGO O DE LA VÍCTIMA U OFENDIDO, AL REALIZAR UN EJERCICIO DE PONDERACIÓN ENTRE AMBOS DERECHOS, DEBE PRIVILEGIARSE EL PRIMERO, SI EL CONOCIMIENTO DE DICHA INFORMACIÓN NO ES INDISPENSABLE PARA EJERCER LA DEFENSA ADECUADA.

La interpretación sistemática de los artículos 20, apartado B, fracción VI, de la Constitución Política de los Estados Unidos Mexicanos, 8, numeral 2, incisos d) y e), de la Convención Americana sobre Derechos Humanos y 14, numeral 3, incisos b) y d), del Pacto Internacional de Derechos Civiles y Políticos, conduce a establecer la existencia del derecho humano de defensa adecuada en favor de los imputados. Sobre ello, en relación con el tema del acceso a los registros de la investigación, en la contradicción de tesis 59/2016, la Primera Sala de la Suprema Corte de Justicia de la Nación determinó que dicha información es de naturaleza reservada únicamente respecto de personas diversas al solicitante que tenga carácter de probable responsable, o se trate de información que no esté relacionada directamente con éste. En tanto, al resolver la diversa contradicción de tesis 149/2019, la propia Sala del Máximo Tribunal avaló el derecho de las personas investigadas para obtener copias fotostáticas, registro fotográfico o electrónico de las constancias que obren en la carpeta de investigación o averiguación previa. Por otra parte, los artículos 6o., apartado A, fracción II y 16, segundo párrafo, constitucionales, reconocen el derecho fundamental de protección de datos personales. En este contexto, si el acto reclamado lo constituye el acuerdo del Ministerio Público emitido en la averiguación previa que restringe al inculpado la fijación fotográfica de actuaciones que contienen datos personales (confidenciales) del denunciante, de testigos de cargo o de la víctima u ofendido, como son, por ejemplo, su domicilio y número telefónico, y el conocimiento de dicha información no es indispensable para ejercer la defensa adecuada, al realizar un ejercicio de ponderación respecto de la prevalencia del derecho fundamental de defensa adecuada contra el diverso de protección de datos personales, debe prevalecer la tutela de la protección de datos personales y, por ende, a la vida privada de las personas, pues no se advierte que esa información resulte indispensable para el cabal ejercicio del derecho humano de defensa adecuada del imputado; entonces, no será factible autorizarle la obtención de dichos registros confidenciales cuyo acceso, por regla general, se encuentra limitado a su titular, representantes legales y servidores públicos facultados para ello.

Registro digital: 2022203

JUICIO CONTENCIOSO ADMINISTRATIVO FEDERAL. ES IMPROCEDENTE CONTRA LAS RESOLUCIONES EMITIDAS POR EL INSTITUTO NACIONAL DE TRANSPARENCIA, ACCESO A LA INFORMACIÓN Y PROTECCIÓN DE DATOS PERSONALES (INAI), EN MATERIA DE PROTECCIÓN DE DATOS PERSONALES EN POSESIÓN DE PARTICULARES.

Criterios discrepantes: Los Tribunales Colegiados contendientes analizaron si las resoluciones que emite el Instituto Nacional de Transparencia, Acceso a la Información y Protección de Datos Personales (INAI), en materia de protección de datos personales en posesión de particulares, son impugnables a través del juicio contencioso administrativo ante el Tribunal Federal de Justicia Administrativa, en términos del artículo 56 de la Ley Federal de Protección de Datos Personales en Posesión de los Particulares, llegando a soluciones contrarias.

Criterio jurídico: La Segunda Sala de la Suprema Corte de Justicia de la Nación decide que el juicio de nulidad es improcedente, porque de acuerdo con la reforma constitucional publicada en el Diario Oficial de la Federación el 7 de febrero de 2014, la única vía para combatir estas resoluciones es el juicio de amparo.

Justificación: Es así, porque uno de los objetivos esenciales de la aludida reforma constitucional en materia de transparencia, fue que los particulares únicamente pudieran impugnar las resoluciones de dicho Instituto vía juicio de amparo, con la clara intención de no alargar los procedimientos en materia de acceso a la información y tutelar de mejor manera ese derecho; en ese sentido, si el Poder Reformador de la Constitución otorgó competencia al Instituto Nacional de Transparencia, Acceso a la Información y Protección de Datos Personales para conocer de la materia de protección de datos personales en posesión de los particulares, en tanto se determina la instancia responsable encargada de atender los temas en esa materia, debe entenderse derogado el artículo 56 de la Ley Federal de Protección de Datos Personales en Posesión de los Particulares, porque al ser de contenido previo a la mencionada reforma, resulta contrario al marco constitucional y legal que lo rige en la actualidad, conforme al cual los particulares sólo pueden impugnar sus resoluciones a través del juicio de amparo.

Registro digital: 2021932

SANCIONES IMPUESTAS CON BASE EN LA LEY FEDERAL DE PROTECCIÓN DE DATOS PERSONALES EN POSESIÓN DE LOS PARTICULARES Y SU REGLAMENTO. AL ANALIZARSE LA REGULARIDAD LEGAL DE LAS MISMAS EN EL JUICIO CONTENCIOSO ADMINISTRATIVO NO PUEDE ASUMIRSE COMO FINAL LA DETERMINACIÓN SOBRE LA PRESUNTA ILEGALIDAD DE UNA CONDUCTA REALIZADA EN EL PROCEDIMIENTO DE VERIFICACIÓN, PUES ES EN EL PROCEDIMIENTO SANCIONATORIO DONDE A PARTIR DE LOS ELEMENTOS APORTADOS POR LAS PARTES, SE HACE LA CALIFICACIÓN DEFINITIVA DE LA CONDUCTA.

De los artículos 59 a 62 de la citada ley, así como 128 a 137 y 140 a 143 de su reglamento, se desprende que, a fin de verificar la existencia de infracciones a la regulación del tratamiento de datos personales en posesión de los particulares, así como su correspondiente sanción, existen dos procedimientos vinculados en forma sucesiva, a saber: 1) el procedimiento de verificación, y 2) el procedimiento de imposición de sanciones, cuyo objeto y materia deben distinguirse a fin de garantizar el derecho a la tutela judicial efectiva cuando se pretenda combatir las determinaciones emitidas en uno y otro. En el procedimiento de verificación únicamente se recaba de manera unilateral la información y documentación que el Instituto Nacional de Transparencia, Acceso a la Información y Protección de Datos Personales estime necesaria para establecer con aparente certeza los hechos denunciados o advertidos oficiosamente, a fin de resolver sobre la presunción, fundada y motivada de la existencia de infracciones; mientras que en el procedimiento de imposición de sanciones se da vista al posible infractor con los referidos hechos, a fin de que oportunamente manifieste lo que a su interés convenga, para luego analizar los hechos previamente fijados frente a las pruebas y argumentos de descargo presentados por el posible infractor, finalmente, se decide si quedaron acreditadas y actualizadas las infracciones que, en su caso, hubieran resultado presumibles a partir del procedimiento de verificación. Así, el procedimiento de verificación tiene por objeto comprobar el cumplimento de las disposiciones legales que rigen la protección de datos, mientras el de imposición de sanciones persigue, previo debate y fase probatoria, punir las infracciones que resulten probadas. Así, de impugnarse en la vía contenciosa una sanción impuesta por infracciones a la Ley Federal de Protección de Datos Personales en Posesión de los Particulares y su reglamento, deben atenderse los argumentos propuestos en contra de la regularidad legal de tal sanción, incluyendo aquellos en que se cuestione la legalidad de la infracción, sin que puedan desestimarse o considerarse inoperantes bajo el argumento de que la información debió ser impugnada de un diverso y anterior juicio contencioso en contra de la resolución de verificación —con independencia de si dicho medio de defensa se promovió o no—, pues es en el procedimiento de imposición de sanciones en el que precisamente se debate y se tiene por acreditada o no la realización de la conducta ilícita y no en el procedimiento de verificación. De lo contrario se desconocería la distinción de materia y objeto de estos dos procedimientos administrativos y se dejaría en estado de indefensión al sancionado, contrariando el derecho de tutela judicial efectiva, al no permitirle combatir lo que fue la materia de la resolución que impugna.

Registro digital: 2021622

RECONOCIMIENTO DE PATERNIDAD. LA ORDEN DE GIRAR OFICIO PARA CONOCER LOS BIENES E INGRESOS DEL DEMANDADO EN EL JUICIO RELATIVO VULNERA SU DERECHO A LA PROTECCIÓN DE DATOS PERSONALES, SI NO SE HA DEMOSTRADO LA FILIACIÓN ENTRE LAS PARTES PARA TENER DERECHO A RECIBIR ALIMENTOS (INAPLICABILIDAD DEL ARTÍCULO 563 DEL CÓDIGO PROCESAL CIVIL DEL ESTADO DE GUERRERO).

El segundo párrafo del artículo 16 de la Constitución Política de los Estados Unidos Mexicanos establece el derecho a la protección de datos personales de los gobernados como medio para garantizar la facultad de los individuos a decidir qué aspectos de su vida deben o no ser conocidos o reservados por el resto de la sociedad, y la posibilidad de exigir su cumplimiento a las autoridades y particulares que conocen, usan o difunden dicha información. En ese sentido, si bien la citada prerrogativa no es absoluta, lo cierto es que para restringirla la autoridad debe justificar válidamente tal afectación, con base en elementos objetivos y razonables. Ahora bien, el artículo 563 del Código Procesal Civil del Estado de Guerrero establece una restricción a ese derecho, ya que faculta al juzgador a investigar, sin la anuencia del demandado, los bienes e ingresos de éste, a efecto de contar con los elementos necesarios para determinar el monto de la pensión alimenticia que llegue a decretarse en definitiva; pero esta restricción se encuentra justificada en la medida en que privilegia un valor fundamental de rango superior, como es el derecho a los alimentos, ya que la subsistencia de una persona es de mayor preponderancia a la privacidad e intimidad del deudor alimentario, más aún cuando se encuentra involucrado el interés superior de un menor de edad. Por otro lado, en los juicios en los que la pretensión principal es el reconocimiento de la paternidad, y el pago de alimentos sólo constituye una prestación accesoria, el origen de la obligación alimentaria deriva, precisamente, del vínculo paterno-filial, por lo cual, mientras este aspecto no se acredite, el derecho a recibir alimentos, y la consecuente obligación de otorgarlos, no se genera. De lo que se concluye que la orden de girar oficio para conocer los bienes e ingresos del demandado, decretada en el auto admisorio del juicio de reconocimiento de paternidad, vulnera el derecho a la protección de datos personales del demandado, ya que constituye una medida irracional y desproporcionada, en virtud de que hasta ese momento no se ha demostrado el derecho a los alimentos de la actora, pues se encuentra sub júdice a lo que resulte respecto de la acción principal y, por consiguiente, no es aplicable el artículo 563 referido, puesto que la justificación a la medida restrictiva que establece dicho precepto, no se actualiza, ya que para ello es necesario que la acción se funde en un documento que demuestre plenamente la filiación entre las partes.

Registro digital: 2021411

DERECHO A LA INFORMACIÓN. LA RELACIÓN CON SUS LÍMITES CONSTITUCIONALES NO DEBE PLANTEARSE EN TÉRMINOS ABSOLUTOS.

La clasificación de la información como reservada corresponde al desarrollo del límite previsto en el artículo 6o. constitucional referente a la protección del interés público, mientras que la categoría de información confidencial responde a la necesidad de proteger la vida privada de las personas y sus datos personales. Desde esta perspectiva, resulta necesario entender que la relación entre el derecho a la información y sus límites, en cuanto se fundamentan en otros bienes constitucionalmente tutelados, no se da en términos absolutos de todo o nada, sino que su interacción es de carácter ponderativo, en la medida en que la natural tensión que pueda existir entre ellos, requiere en su aplicación un equilibrio necesario entre el ejercicio efectivo del derecho a la información y la indebida afectación de otro tipo de bienes y valores constitucionales que están instituidos también en beneficio de las personas. Es por ello que si se reconoce que ningún derecho humano tiene el carácter de absoluto, entonces debe igualmente reconocerse que ninguno de sus límites puede plantearse en dichos términos, por lo que la relación entre ambos extremos debe plantearse en los mismos términos de equilibrio.

Registro digital: 2020564

PROTECCIÓN DE DATOS PERSONALES. EL DEBER DEL ESTADO DE SALVAGUARDAR EL DERECHO HUMANO RELATIVO DEBE POTENCIALIZARSE ANTE LAS NUEVAS HERRAMIENTAS TECNOLÓGICAS, DEBIDO A LOS RIESGOS QUE ÉSTAS REPRESENTAN POR SUS CARACTERÍSTICAS.

Conforme al proceso legislativo de la adición del segundo párrafo del artículo 16 de la Constitución Política de los Estados Unidos Mexicanos, publicada el 1 de junio de 2009 en el Diario Oficial de la Federación, en relación con la interpretación del artículo 11, numeral 2, de la Convención Americana sobre Derechos Humanos, efectuada en diversos criterios emitidos por la Corte Interamericana de Derechos Humanos, el deber del Estado frente al derecho de los gobernados a decidir qué aspectos de su vida deben o no ser conocidos o reservados por el resto de los individuos que integran la sociedad, y que conlleva la obligación de dejarlos exentos e inmunes a invasiones agresivas o arbitrarias por parte de terceros o de la autoridad pública, debe potencializarse ante las nuevas herramientas tecnológicas. Lo anterior, por el efecto multiplicador de los medios de comunicación digitales de Internet y las redes sociales, a través de los cuales se facilita la difusión y durabilidad de su contenido, al permanecer de manera indefinida en los medios electrónicos en los que se publican, sin restricción territorial alguna; constituyéndose así en una constante invasión positiva o negativa, según el caso, a los derechos inherentes al ser humano, vinculados con el mencionado, como son la intimidad, el honor, la reputación, la vida privada y, consecuentemente, la dignidad humana.

Registro digital: 2020563

PROTECCIÓN DE DATOS PERSONALES. CONSTITUYE UN DERECHO VINCULADO CON LA SALVAGUARDA DE OTROS DERECHOS FUNDAMENTALES INHERENTES AL SER HUMANO.

El párrafo segundo del artículo 16 de la Constitución Política de los Estados Unidos Mexicanos reconoce los denominados derechos ARCO, relativos al acceso, rectificación, cancelación y oposición de datos personales, como un medio para garantizar el derecho de los individuos a decidir qué aspectos de su vida deben o no ser conocidos o reservados por el resto de la sociedad, y la posibilidad de exigir su cumplimiento a las autoridades y particulares que conocen, usan o difunden dicha información. Así, dichas prerrogativas constituyen el derecho a la protección de los datos personales, como un medio de salvaguarda de otros derechos fundamentales previstos en la propia Constitución y en los tratados internacionales de los que México es Parte, conforme a los cuales, el Estado tiene la obligación de garantizar y proteger el derecho de todo individuo a no ser interferido o molestado por terceros o por una autoridad, en ningún aspecto de su persona —vida privada—, entre los que se encuentra el relativo a la forma en que se ve a sí mismo y cómo se proyecta a los demás —honor—, así como de aquellos que corresponden a los extremos más personales de la vida y del entorno familiar —intimidad—, o que permiten el desarrollo integral de su personalidad como ser humano —dignidad humana—.

Registro digital: 2020549

DATOS PERSONALES. LA LICENCIA DE USO DE UN SIGNO MARCARIO RELATIVO A LA PRESTACIÓN DEL SERVICIO DE MOTOR DE BÚSQUEDA EN INTERNET CONCEDIDA POR UNA EMPRESA EXTRANJERA EN FAVOR DE UNA SOCIEDAD MERCANTIL MEXICANA, ES APTA PARA CONSIDERAR LA RESPONSABILIDAD DE ÉSTA POR EL TRATAMIENTO DE AQUÉLLOS CONFORME A LA NORMATIVA CONSTITUCIONAL Y LEGAL RESPECTIVA.

De acuerdo con los artículos 87, 88, 125, 126, 136, 139, 140 y 141 de la Ley de la Propiedad Industrial, el titular de una marca puede conceder una licencia de uso a favor de un tercero, quien quedará obligado a vender los productos o prestar los servicios de que se trate, con la misma calidad que los comercializados por el titular, ejercer las acciones legales de protección de los derechos y usar la marca como si fuera el propietario del registro. Así, la licencia de uso de un signo marcario relativo a la prestación del servicio de motor de búsqueda en Internet concedida por una empresa extranjera en favor de una sociedad mercantil constituida en términos de los artículos 3o., 4o., 6 bis y 15 del Código de Comercio y 1o., fracción III, 4o., 5o., 58, 59 y 73 de la Ley General de Sociedades Mercantiles, es apta para considerar la responsabilidad de ésta por el tratamiento de datos personales de un gobernado, en tanto que su constitución en territorio nacional, en adición a la licencia concedida en su favor, la legitiman y obligan a prestar ese servicio en México y, por tanto, a responder por su actuación conforme a la Constitución Federal y a la Ley Federal de Protección de Datos Personales en Posesión de los Particulares.

Registro digital: 2020542

COMPETENCIA PARA CONOCER DEL JUICIO DE AMPARO INDIRECTO PROMOVIDO CONTRA LA DIFUSIÓN DE LOS DATOS PERSONALES DEL QUEJOSO POR UNA AUTORIDAD EN UNA RUEDA DE PRENSA, CON EL OBJETO DE QUE SE APORTE INFORMACIÓN QUE LLEVE A SU CAPTURA POR LA COMISIÓN DE UN DELITO. SE SURTE EN FAVOR DEL JUEZ DE DISTRITO EN CUYA JURISDICCIÓN SE PRESENTÓ LA DEMANDA.

El segundo párrafo del artículo 37 de la Ley de Amparo establece que si el acto reclamado ha comenzado a ejecutarse en un Distrito y sigue ejecutándose en otro, será competente el Juez Federal ante el que se presente la demanda. Ahora, es un hecho notorio que los medios masivos de comunicación cuentan con un alcance y circulación dinámico a través de diversas vías, como la televisión y el Internet, que tienen la característica de difundirse a cualquier parte que cuente con esos servicios. Así, cuando la autoridad responsable (con sede en una entidad federativa) ejecuta el citado acto en una rueda de prensa y expone —por ese tipo de medios— la fotografía y el nombre del quejoso (esencialmente porque ofreció una recompensa por información que lleve a su captura por la comisión de un delito), debe concluirse que ese acto comenzó a ejecutarse en esa localidad, en el momento en que se hizo la declaración; sin embargo, dada la rapidez y accesibilidad de esa noticia, se estima que continúa ejecutándose en cualquier parte del país en el que pueda verse la referida información, de manera que se replica la afectación del justiciable al ejecutarse cada que se reproduce; en esa lógica, al reclamarse ese acto en amparo será competente el Juez de Distrito que ejerza jurisdicción en el lugar en el que pueda darse tal afectación para el quejoso, cobrando aplicación la regla indicada en el citado numeral 37, en el sentido de que será competente para conocer de la demanda de amparo el juzgador que prevenga. Con esto, también se privilegia el derecho humano de acceso a la justicia, puesto que al determinarse la naturaleza del acto se potencializa el acceso expedito a los tribunales.

Registro digital: 2019336

TRANSPARENCIA Y ACCESO A LA INFORMACIÓN PÚBLICA. LOS SUJETOS OBLIGADOS EN SU CALIDAD DE DEPOSITARIOS DEBEN NOTIFICAR Y OBTENER EL CONSENTIMIENTO DE LOS PARTICULARES TITULARES DE LA INFORMACIÓN SOLICITADA A TRAVÉS DE UNA CONSULTA DE ACCESO, PARA QUE MANIFIESTEN Y PUEDAN EJERCER LO QUE A SU DERECHO CONVENGA.

De la interpretación conjunta y armónica de las disposiciones previstas en la Ley General de Transparencia y Acceso a la Información Pública, particularmente en sus artículos 113, 116 y 120, así como los correlativos 110, 113 y 117 de la Ley Federal de Transparencia y Acceso a la Información Pública, complementadas con los numerales 1, 3, fracción XI, 20 y 31, de la Ley General de Protección de Datos Personales en Posesión de Sujetos Obligados, se advierte que los sujetos obligados, en su calidad de depositarios de la información solicitada a través de una consulta de acceso y cuya titularidad corresponda a un tercero, persona física o moral, tienen la obligación de notificar y obtener el consentimiento expreso para que los titulares de los datos solicitados puedan manifestar lo que a su derecho convenga, en respeto a su derecho de audiencia, e incluso ejerzan sus derechos ARCO (acceso, rectificación, cancelación y oposición al tratamiento de datos personales), en especial, el derecho a negar el acceso u oponerse a la divulgación de cierta información confidencial o que puede ser objeto de reserva y que se encuentra en posesión de un sujeto obligado o del propio Instituto Nacional de Transparencia, Acceso a la Información y Protección de Datos Personales.